Ⓢ新潮新書

古市憲寿
FURUICHI Noritoshi

誰の味方でもありません

810

新潮社

はじめに

この頃の日本は、何だか怒りっぽい。

不倫や不貞行為、セクハラやパワハラ、女性や外国人への差別、「不適切動画」の流出など、とにかく毎日のように誰かが怒られている。

誰かが何かをやらかすと、ツイッターなどで盛り上がり、それをテレビのワイドショーが取り上げ、日本中から糾弾されるというのがお決まりのパターンだ。

もちろん、ネットやテレビは何の非もない人を槍玉《やりだま》に上げるわけではない。誰が見ても、明白に何らかの「問題」のありそうな人物や事象を取り上げることがほとんどだ。

確かに政治家の不倫は褒められたことではないかも知れない。

あまりにも自由すぎる総理夫人は国のリスクでもある。

飲食店の従業員が裏側で食品を雑に扱っているのは、やはり嫌な気分だ。

メディアや役人が政治家に対して過剰に忖度するのは健全な状態ではない。

女性や外国人に対する差別やハラスメントは消えたほうがいいに決まっている。

すべて「正論」だ。しかし考えなければならないことがある。「正論」は、切れ味があまりにも鋭すぎるということだ。

「正論」は誰も否定できない。たとえば「女性差別は許されない」という「正論」には誰もがうなずくしかない。だから「正論」は、時に過剰になり、凶器にもなり得る。「正論」という武器を使えば、誰かを血祭りに上げるのは簡単だ。

ちょっとした失言はもちろん、最近では差別発言をした人をその場でいなせなかっただけでも批判の的となる。

「正論」を唱える人は、自分が誰かを血祭りに上げているという意識はないかも知れない。なぜなら、それは文字通り「正しい議論」だから。彼らは「正しさ」のため、社会を良くするために、正当な理由と共に誰かを批判しているに過ぎない。

こういった炎上が、本当にこの社会を良くしているのならいい。だが、どうやらその気配はない。「正義」の人々は、次から次へと攻撃対象を変えて、「正論」を唱え続けるだけだ。

結局、そうした炎上が何をもたらしているかといえば、人々の口が重くなったことくらい。うかつなことを言って批判されるくらいなら、当たり障りのない話題でごまかすというのは合理的な態度だろう。

だけど本当にこれでいいのだろうか？

他人事のように書いてきたが、僕自身もこうした「血祭り」の当事者に他ならない。自分でバッシングの嵐を浴びることもあれば、ワイドショーのコメンテーターとして「正論」を唱えることもある。この本も『週刊新潮』の連載がもとになっているが、週刊誌こそ「血祭り」の燃料を投下し続ける、炎上の権化とも言える存在だ。

だけど自分が書いたり発言する時に意識していることがある。まず「正論」を振りかざす時には、謙虚であること。誰も逆らえない「正論」という武器を使う時には、よほどの抑制が必要だ。「正論」を自己顕示欲の発露に使うのはダサいという個人的な好みもある（今、具体的にダサい作家や評論家、ライターの顔を頭に浮かべている）。

そして「正論」を疑ってみること。いくら「正論」といえども、時代や環境が変われば、「正しさ」は変わってしまう。完全無欠に見える「正論」に穴がある場合もある。

それならば、絶対的な「正しさ」を追求するのではなく、一歩引いて社会を見るくらいが丁度いい。そんなスタンスで書いてきた文章をまとめたのが、この本だ。

「誰の味方でもありません」というタイトル通り、『週刊新潮』の論調（まあまあ古臭い）も気にせず、好きなことを書いてきた。原則として、雑誌に掲載したまま手を加えていない。代わりに全ての文章には後日談を付け加えた。

「正しさ」はしばしば対立する。完璧な「正しさ」を求める人々は、ほぼ間違いなく喧嘩別れをする。中島みゆきの「Nobody Is Right」という歌にもあるが、自分が全て「正しい」と信じる人は、世にあるほとんどのものが「間違い」に見えてしまうからだ。

それならば、常に少し肩の力を抜いていたほうがいい。何でもタブーなく自由に言える。何か間違いがあったとしても、少しずつ修正していけばいい。それくらい鷹揚でいられる人を増やすことこそが、実はいい社会を作っていくコツなのではないかと思う。

この本を読むことで、少しでも毎日が楽になったり、新しい気付きを得る人がいたら、とても嬉しい。

誰の味方でもありません●目次

第二章　意外と悪くありません　93

第一章　炎上したいわけではありません

みんな乙武さんがうらやましかったのか

「社会学者」という肩書きでメディアに出ることが多い。「社会学」を専攻していると いう程度の意味なのだが、この肩書きは誤解を呼びやすい。「社会に精通している」「社会的弱者に優しい」というイメージを持つ人がいるようなのだ。確かに「社会福祉法人」など「社会」という言葉には優しいイメージがある。

だけど「学者」とは本来、社会をフラットに見る人のことだと思う。そんな意味を込めて、「誰の味方でもありません」という連載を始めることになった。

さて、誰の味方でもないせいか、僕はよく炎上する。小沢一郎に再婚相手を聞いたり、女子中学生が起こした事件を「尾崎豊みたいで格好いい」と言ったり、定期的に炎上してきた。

だが僕の周囲には、さらなる炎上の達人が勢揃いしている。たとえばオリンピックのエンブレムが「盗作」だと、大バッシングに遭ったデザイナーの佐野研二郎。『週刊新潮』に不倫をすっぱ抜かれて、政界進出を断念した乙武洋匡。

彼らに限らず、このところ誰かが炎上したというニュースを連日のように目にする（ちなみに自分が炎上した時には、「早く他の誰かが炎上しろ」と願う）。

しかし世間には毒舌でありながらあまり炎上しない人もいる。たとえば、有吉弘行やマツコ・デラックスだ。

なぜ彼らは炎上しないのだろうか。もちろん話芸のおかげもあるだろうが、最大の理由は、「うらやましくない」からだと思う。

僕の観察によると、「うらやましくない」人は炎上しにくい。有吉さんは猿岩石として一世を風靡した後、不遇の時代が長かった。一時期は自殺を考えたことまであるという。マツコ・デラックスさんは、遅咲きでブレイクしたことに加えて、あの体型が功を奏しているのだろう。そういえば新潮社にも「親方」と呼ばれる中瀬ゆかりという編集者がいるが、彼女が炎上したという話もあまり聞かない。これも体型のたまものだろう。

その意味で、乙武さんの炎上は画期的だった。あれほど嫉妬の対象になった障害者はこれまでいなかったはずだ。みんな乙武さんがうらやましかったのか……。

炎上の裏側には嫉妬がある。いくら人気者とはいえ、明日から有吉弘行や中瀬ゆかりになりたい人は数少ない。「デブ」「ハゲ」「苦労人」など、「うらやましくない」人の活躍に、世間は寛容だ。

同じ理由でスポーツ選手の好感度の高さも説明できる。彼らは努力を隠さないし、メディアもそれを追いかける。誰もが多少のスポーツ経験はあるから、選手たちの努力も想像しやすい。

僕も無用な炎上はしたくないが、今から血の滲むような努力をしてオリンピックを目指したくはないし、「親方」というあだ名が似合うほど太りたくもない。そう考えると、世の中はきちんとバランスが取れているのだろう。普段から「努力」や「デブ」という負荷を自らにかけることに比べれば、たまの炎上なんて何てことないと自分を励ましている。僕は誰の味方でもないが、自分には甘い。


（２０１７・５・４／11）

このエッセイを書いた後も、デヴィ夫人と喧嘩をしたり、ＡＫＢ総選挙を「本気の泥仕合」と称して反感を買ったり、定期的に炎上に遭遇してきた。しかし僕も、芥川賞に落選したことで、ついに「うらやましくない人」のカテゴリーに入ることができただろうか。

東京に人を呼ぶには

春の京都へ行ってきた。祇園のあたりを歩いていると、とにかく華やかな着物姿が目に付く。芸子さんや舞妓さんというわけではない。さすが京都、一般人も着物を着こなして風流だなと思ったが、よくよく見ると着物ではなく浴衣。しかも着ているのは外国からの観光客ばかりだった。

そう、京都では和装レンタルが大流行しているのだ。ある店では一日浴衣をレンタルして3500円。それで京の街を背景に、インスタグラム用の写真が撮れるなら安いものだろう。

「フォトジェニック」(写真写りが良い)という言葉があるが、インスタ映えする写真のためなら現代人は手間を惜しまない。インスタグラムのために、シャボン玉などを活用して少しでもいい写真を撮ろうとする姿は労働そのものである。

和装の溢れる京の街だが、当の京都人は、「和」に飽き飽きしているようだ。たとえば、京都市は全国の都道府県庁所在地の中で最もパンの消費量が多い。一方でお茶の消費量は少なく、代わりに牛乳やコーヒーをよく飲む。完全に生活スタイルが洋風なのだ。

人間は身近なものの魅力には気付きにくいのだろう。今でこそ人気の京都の町家だが、一時期は壊滅の危機にあった。1980年代の京都では観光客の減少が深刻で、町家は次々に取り壊され、高層マンションが建てられていた。

町家が本格的に注目されるのは2000年代に入ってからのことだ。町家ダイニングや町家カフェといった形で、町家のリノベーションが進んだのだ。結果、京都はインスタグラマーたちに優しい街になった。

そう考えてみると、東京にはフォトジェニックな場所が少ない。2020年にはオリンピックを控えているというのに、都心部は世界中どこにでもあるようなビルばかり。外国人向けの観光地も浅草や築地と限られている。

そこで提唱したいのが、東京をコスプレの街にすること。京都で外国人が和装コスプレを楽しんでいるように、東京も街を挙げてコスプレ化に取り組んでいくべきだと思う。

特に、東京オリンピックのボランティアの制服は男性は忍者、女性はワンタッチ着物にするべきだ。現行案はダサいブルーの制服。街中で目立たない上に、インスタ映えもしない。しかし忍者とワンタッチ着物にすれば、お土産として買って帰ってもらえるし、何より東京の街が華やぐ。

単純に、東京に忍者がたくさんいたら面白いと思いませんか？

「日本といえば歌舞伎や忍者」というイメージを変えたい人もいる。現に、リオ五輪での引き継ぎ式では極力、伝統色を排したショーが繰り広げられた。

だけど、文化とは一方的に押しつけるものではなく、海外の目で発見してもらうものでもある。今でも日本に歌舞伎や忍者を求める人が多いならば、粛々とそれを提供すればいい。プライドの高い京都までがその軍門に降《くだ》っている。東京がそれをしない理由がない。


（2017・5・18）

結局、ボランティアの制服は、市松模様をモチーフにした不思議なデザインに決まった。誰が着てもスタイルが悪く見えるため、体型に恵まれない人に優しいユニフォームとも言える。

観光客として日々を過ごす

ふと、自分の野心のなさに気が付いた。

僕が『絶望の国の幸福な若者たち』（講談社）という本を出版したのは26歳の時だ。その頃から「若者」として注目を浴び、マスメディアや政治家、官僚を含めて、一気に社交の輪が広がった。

しかし、そのネットワークをいまいち活かせている気がしない。もし僕が野心の塊であったら、マスコミに働きかけて自分の影響力を強めつつ、政界への進出でも目指していただろう。「若者」キャラを最大限に活かして、すでに立候補くらいしていたかも知れない。

実際の僕はといえば、この数年は人狼《じんろう》ばかりしていた。議論をしながら嘘つきを探すというパーティーゲームだ。人狼を通じて仲良くなった友人は多いが、それが特に仕事に結びついたわけではない。

この話を友人にしたら、「それは古市くんが観光客だからだよ」と言われた。

観光客？

友人曰く、僕は無類の観光好きらしい。ある時はテレビ局に行って芸能界を観光し、ある時は自民党で政治の世界を観光する。

確かに僕にとって、あらゆる仕事は観光気分だ。『ワイドナショー』という番組に出るのは、ダウンタウンの松本人志さんを初め、様々な才能を観察できるから。『とくダネ！』で一番楽しいのは、放送では流せない打ち合わせ中の話。

観光客だけあって、僕はあまり他人に「お願い」もしない。政治家の友人もいるが、国有地を格安で払い下げて欲しいなんて陳情をしたことは一度もない。お願いといえば、せいぜい「SNSに載せたいんで、一緒に写真撮りましょう」くらい。まさに観光客だ。

自分で言うのも何だが、21世紀の観光客としては、中々優秀な部類に入ると思う。マスコミ、政界、音楽業界、ピースボート、世界の戦争博物館と、様々な場所を観光してきた。

だから僕の書く文章は、旅行口コミサイト「トリップアドバイザー」に近いのだろう。これまで書いてきた本も、観光地のレビューのようなものだ。

思想家の東浩紀さんが書いた『弱いつながり』（幻冬舎）で、一つのコミュニティに埋没する「村人」でもなく、寄る辺なく生きる「旅人」でもなく、本拠地を確保しながら好奇心の赴くまま旅をする「観光客」という生き方が勧められていたことを思い出す。

ちなみに同書の思想には大いに共感するのだが、なぜか僕は東さんに嫌われている。そして多分、誤解されている。彼は僕のことを「道鏡」にたとえていたらしいが、そんな権力欲があるなら、もうとっくに動き出している。

まあ、僕はただの観光客なので、旅先で出会った人から嫌われるのも仕方ない（観光客には優しくしておいたほうが人気観光地にはなれるだろうけど）。

幸いなことに訪れるべき観光地はまだ数多い。予算超過が確実となった東京オリンピック、深刻な少子高齢化。この社会には、観光客として愉しむべき見所がたくさんある。

（2017・5・25）

相変わらず「観光客」としての日々は続いている。小説を書いたことで、魑魅魍魎が跋扈《ばっこ》する「文学界」、いくつかのバラエティ番組に出たことで、口先だけの適当な人とやたら出会う「テレビ業界」など、観光先はどんどん増えている。

失敗のない人生は結構危ない

テレビの収録で会った東大生がこんなことを言っていた。「東大生というのは、間違えてこなかった人。人生に間違いが少なかったから東大に入れた」。

この時代に東大に入ることが本当に「間違いじゃない」と胸を張って言えるのかと突っ込みたかったが、確かに日本のエリートには失敗を経験していない人がたくさんいる。学校のテストでは満点ばかり。受験も難なくクリア。卒業後は、大企業に入社したり、国家公務員になっていく。

失敗のない人生。一見すると、非常に素晴らしい。誰だって失敗なんてしたくないからね。

だけど、ちょっと考えると、それが非常に危うい思考法だということがわかる。なぜなら、生きるために必要なルールというのは、時間が経てば変わってしまうからだ。

たとえば、インターネットの普及で、記憶力の価値は著しく落ちた。応仁の乱の顚末から、神楽坂の名店の住所や連絡先まで、ほとんどのことは検索すればわかってしまう。

大昔の人は電話番号を数十も暗記していたらしいが、今では自分の番号さえ知らない人も多い。

ある時代の正解は、別の時代では間違いともなる。たとえば「大企業の正社員になれば安心」という昭和型の発想。昭和の花形企業だったはずの東京電力も東芝もシャープも、あんなことになってしまった。新潮社も昔は学生に人気の企業だったらしい。

今では企業側も、自分たちの先行きに不安を感じているのか、何の失敗もしてこなかった人よりも、失敗を繰り返しながら、様々な状況に対応できる人材を求めている。

最近フジテレビのドラマが不調な理由の一つも、制作陣のトライ&エラーの少なさにあると思う。

ドラマのプロデューサーは、挑戦できる機会がとにかく少ない。一人のプロデューサーが担当できる作品は年に一本程度だ。それにもかかわらず、一回でも企画が失敗したら、「できない人扱い」されてしまう。これでは中々、優秀な作り手は育たない。

一方で、マンガ原作のドラマや映画がとにかく多いのも、場数が関係していると思う。マンガ編集者は、新入社員時代から何十人もの作家を担当し、膨大なトライ&エラーを繰り返す。

数をこなすということは、一般に思われているよりも、はるかに大事なことなのだろう。実際、ヒットメーカーには多作な人が多い。音楽の秋元康も、小説の東野圭吾も、映画の川村元気も、その名前を一年のうちに何度も見ている。

そもそも、名作だけを生み出した大家はいない。どんな作家にも絶対に駄作は存在する。もっとも、どんな駄作でも崇めてくれる一定のファンを獲得してしまえば、名作ばかりに見えてしまうことはあるけれど。

そしてこのエッセイ。今回の内容が「つまらない」と思った人も、これからのトライ&エラーの中で、素晴らしい回もあるかも知れないので、期待しておいて欲しい。

（2017・6・1）

芥川賞に落選して気落ちしている社会学者に読ませてあげたいエッセイだと思った。

気にしたときに呪いは始まる

『ワイドナショー』は呪いの番組だと言われている。乙武洋匡、堀潤、清原和博など、番組出演者が次々とスキャンダルに巻き込まれていくというのだ。

今だから言ってもいいと思うが、2016年の春、安倍首相が『ワイドナショー』に出演した際も、まさにその話題になった。

「『ワイドナショー』が呪いの番組と言われているが、安倍さん大丈夫ですか」とスタジオは盛り上がり、無事収録は終わった。4月14日夕方のことである。

勘のいい人はこの日付で気付いたかも知れない。収録のあった日の夜、熊本地方で最大震度7を記録する大地震が起こってしまったのだ。その日のうちに官邸対策室が設置されたが、16日にも14日の規模を上回る本震に見舞われ、しばらく安倍首相は地震対策に追われた。まさに「『ワイドナショー』の呪い」が実現してしまった形だ。当然、放送では「呪い」部分はカットされていた。

もちろん、ただの偶然だろう。多くの著名人が週替わりで出演する番組だから、関係者が次々にスキャンダルに見舞われるのは、確率的に何ら不思議ではない。ひとは、偶然に法則性を見つけ、それを勝手に「呪い」だと認識してしまうのだ。

呪いは、それを信じた瞬間から発動するのである。その意味で、遺伝子検査を受けるなんて、自ら進んで呪いにかかりにいっているようなものだと思う。

病院で実施される正式な検査と違い、最近では簡易な遺伝子検査が流行している。値段は数千円から数万円くらい。唾液を郵送するだけで、癌などの病気に罹る確率、太りやすさ、長寿かどうかまでが記載された検査結果が届く。しかし市販の検査キットの結果を鵜呑みにしないほうがいい。まだ研究途上の分野のため、信頼性に乏しく、特に日本人の遺伝子サンプルは少ないからだ。また病気や寿命は遺伝要因だけではなく、生活習慣などの環境要因も大きく影響することがわかっている。

その意味で、遺伝子検査キットは医学的な診断というよりも占いに近い。「遺伝子」というもっともらしい仕掛けを用いて、「癌に罹りやすく、長生きできない」なんて言われたら、気にするなというほうが無理だ。検査結果が本当かどうかは関係ない。それを気にした時点で呪いは始まっているのである。

しかし、遺伝子検査キットなんて使わなくても、他人に呪いをかける方法がある。たとえばあなたが嫌いな人がいたとしよう。その人に会うたびに、「大丈夫ですか？　体調悪くないですか？　顔色悪いですよ」と伝えてみよう。端から見れば他者を気遣う心優しき人間だ。しかし、繰り返し他人から「顔色が悪い」と言われるといらぬ心配をしてしまうもの。結果、呪いが効き、本当に体調を崩してしまうという仕組みだ。

逆に、あなたの顔色を執拗に気にしてくる人がいたら気をつけたほうがいい。その人は、あなたに呪いをかけようとしているのかも知れない。

（2017・6・8）

「祈り」と「呪い」は似ている。そしてどちらも、何でもない偶然を気にした瞬間から始まるのだ。願いが叶わなかった瞬間に「祈り」は意味をなくすが、「呪い」を解くのは難しい。

観光名所は写真に勝てない

チェコのモラヴィア大草原に行ってきた。

今、手元にスマホやパソコンがある人はぜひ「モラヴィア大草原」と検索して欲しい。見渡す限り、新緑が波打つ大草原の写真が見られるはずだ。

僕もガイドブックでその写真を見かけ、はるばるチェコまで出かけてきた。まず11時間のフライトでフランクフルト国際空港へ。そこでチェコの首都プラハ行きの飛行機に乗り換える。プラハからはブルノという街へ高速列車で2時間半。さらに普通列車に乗り換えキヨフという田舎町に行く。

約2日かけて辿《たど》り着いたキヨフ。駅から数㎞の場所に、大草原が広がっているはずだった。しかしいくら歩いても、ガイドブックで見たような新緑は現れない。見渡す限り広がるのは、ささくれた荒野だ。ちょっとはマシな場所も、大草原というより、日本で見慣れた田んぼのよう。

さらに天候が追い打ちをかけた。空には厚い雲が広がり、小雨まで降り出す。

新潮社の編集者に写真を送ると、「枯木灘」と言われる始末。確かに草原に点在する枯れた木が、殺伐とした雰囲気に一役買っている。

そもそも、モラヴィア大草原はチェコ人からすれば観光地でも何でもないらしい。あるネット掲示板で、モノ好きの外国人が「この写真のような美しい草原はどこで見られるのか」と聞いていた。それに対して現地人らしき人が「こんなの、チェコではどこでも見られる草原だけど」とあきれながら回答していた。

確かに日本でも、富良野のラベンダー畑など、外国人によって「再発見」された観光地がある。

もっとも、枯木灘には僕以外、誰もいませんでしたけどね……。

何でこんな場所に来てしまったのだろうと、ネット上の草原写真をよくよく見返す。すると、多くの写真に加工が施されていることに気付く。今の時代、光線や色調を加工するのは非常に簡単だ。

仕方なく僕もアプリを使って、目の前の枯木灘を、ガイドブックで見たような「モラヴィア大草原」風にしてみる。すると！　驚くほどメルヘンチックな写真が完成してしまった。もちろんインスタには、加工後の写真をアップする。

これまで世界中の様々な観光地を訪れてきたが、事前に見た写真よりも現物が勝っていたことは、実はまだ一度もない。モン・サン＝ミッシェルはただの田舎の城だったし、超高層ビルを見慣れた現代人はサグラダ・ファミリアに行っても素朴には驚けない。

考えてみれば当たり前だ。プロが時間をかけて撮影し、加工までした奇跡の一枚に、たまたま訪れた観光客の肉眼が敵うわけがない。ガイドブック以上の光景を簡単に見られるなんて思うこと自体が間違いなのだ。

だから、モラヴィア大草原に行ったことに後悔はない。時間が経てば、記憶は薄れ、写真という記録だけが残る。うまく記憶を改変するために、加工前の写真は全て削除しておこうと思う。

（2017・6・15）

「SNOW」などのアプリを使えば、顔さえも簡単に加工することができる。「SNOW」に慣れすぎた若い友人は、「久しぶりに鏡で自分の顔をまじまじと見たらブスでびっくりした」と言っていた。

デブに不思議のデブなし

ダイエット情報に目がない。友人と会うと、大抵は他人の悪口か、ダイエットの話をしている。ガセリ菌SP株ヨーグルトで痩せたとか、ミドリムシやチアシードがいいとか、要は林真理子さんが毎週エッセイで書いているような話だ。僕はそれほど太っているわけではないが、いつ親方体型にならないとも限らない。

この数年、よく話題に上がるのは腸内細菌。一般的に言われるのは、消化を良くして代謝を上げれば、太らなくなる上に、肌もキレイになるし、花粉症も怖くない、だから乳酸菌と食物繊維の摂取が大事だ、ということだ。中には「何を食べたい」といった欲望、「我慢強い」といった性格まで、人間の行動自体が、かなりの部分、腸に支配されていると考える研究者もいる。

事実、世の中は乳酸菌ブームだ。ヤクルトの価値が見直され、チョコレートにまで乳酸菌が入っている。その乳酸菌界隈で、最もラディカルな施術が糞便移植である。健康な人の便を、患者の腸に注入するのだ。本来は腸疾患のための治療法で、日本では潰瘍性大腸炎の患者に対して臨床例があるくらい。

だが、海外では肥満や糖尿病に効果があるという研究もあり、ダイエット目的で興味を持つ人も多い。そのうち林真理子さんあたりが試しそうだが、冷静に考えたらすごい時代になったものだ。ダイエットのために便移植を考えるなんて。

なぜここまで腸内細菌が話題になっているのだろうか。それはとにかくわかりやすいから。「腸が重要」というのは何となく納得しやすいし、「とにかく乳酸菌や食物繊維を摂ればいい」という解決策も単純明快だ。

昔から流行したダイエット法や健康法というのも、とにかくシンプルだった。りんごダイエット、紅茶きのこ、ダイエットスリッパ、レコーディングダイエット、糖質制限など、要は一点突破主義である。

良心的なお医者さんは、ダイエットについて聞かれたら、規則正しい生活と運動、腹八分目を心がけるといったことを指示すると思う。

だが一般的に言って、肥満に悩むのは、自制心が弱く、我慢できない人たちだ。今さらそんな優等生のような生活はできない。そこですがるのが、「これさえすればいい」というシンプルなダイエットなのである。

それでも毎年のように新しいダイエット法が流行するのは、太っている人たちの自制心の弱さを証明している。いくら「これさえすればいい」と言われても、続かないものは続かないのだ。

「デブに不思議のデブなし、瘦せに不思議の瘦せなし」という名言があるように、「デブ」はとにかく自己責任だと考えられがちである。しかし、行動経済学に、とても残酷な研究がある。子どもの頃、夏休みの宿題を後回しにしていた人ほど、大人になってからの肥満率が高いのだという。要は子どもの頃に自制心が身につかなかったら、大人になってからはもう手遅れだというのだ。その話を聞いてから、太っている人に優しくしようと思った。

(2017・6・22)

僕自身、このエッセイを書いた時から体重が3kgほど増えたが、最近は瘦せて見えるパックでテレビ出演などをしのいでいる。肥満を案じる人々も、「楽をするための努力」ならばできるのだ。

現代人は本当にせかせかしているのか

ネットのコンテンツを観る時には、とにかく「時間対効果」を気にしている。いかに短い時間で多くの情報を入手できるかという意味だ。たとえば、ツイッターは最新のニュースや炎上騒ぎを概観する時に、時間対効果がいい。一つ一つの投稿が短く、多様な話題を一気に確認できるからだ。

それで言うと、動画を観るのはどうしても時間がかかる。ツイッターと比べると、一つの情報を知るためにとんでもなく時間がかかり、損したような気分になるのだ。だけど不思議と、ＹｏｕＴｕｂｅｒの動画だけはするっと観られてしまう。ＹｏｕＴｕｂｅｒというのは、ＹｏｕＴｕｂｅでの動画配信を生業にしている人々のこと（この『週刊新潮』で連載しているＫＡＺＵＹＡさんもそうですね。観たことないけど）。中にはトップ芸能人並みに稼ぐＹｏｕＴｕｂｅｒもいる（ＫＡＺＵＹＡさんはそんなお金持ちに見えないけど）。

彼らの編集の基本は、とにかく間を切っていくこと。ジャンプカットというが、必要のないシーンはもちろん、ちょっとした間もどんどんカットしていくのだ。ここが通常のテレビや映画との違いで、プロ意識のある映像マンたちは絶妙な間をきちんと残そうとする。

しかし、少なくともネットで動画を観る時に、間なんて退屈以外の何物でもない。そして不思議なことに、間がない動画というのは、多少つまらなくてもストレスなく観てしまうことができるのだ（ＫＡＺＵＹＡさんは違うと思うけど）。

ファンには怒られそうだが、映画『シン・ゴジラ』もＹｏｕＴｕｂｅｒの動画みたいだと思って観ていた。『シン・ゴジラ』では登場人物が超高速で話し続け、間もほとんど感じられない。こんな逸話がある。『シン・ゴジラ』を脚本通り作ろうとしたら、３時間を超えそうになった。しかし東宝からは2時間に収めて欲しいと言われている。ここで通常なら脚本をカットするところだが、演者を早口にすることで解決しようとしたというのだ。

おそらく社会の求める時間感覚が速くなっているのだろう。同じく大ヒットした映画『君の名は。』の上映時間も１０７分だった。お笑い芸人が重宝されるのも、早口で滑舌のいいことに秘密があるのではないか。

しかし、「昔の日本人のほうがゆっくりしていた」という単純な話でもない。たとえば『七人の侍』をはじめ、古い邦画の登場人物は、非常に早口で話す。何となくゆっくりのイメージがある小津安二郎作品も、現代の感覚からするとテンポも含めて超高速。フィルムの関係もあるのだろうが、当時の人々はこの高速映画を楽しんでいたわけだ。昔の人は、日常会話も今より早口だった可能性もある。

それが今や、日本中のコンテンツがゆっくり。もちろん高齢化の影響もあるのだろう。しかし『シン・ゴジラ』のヒットやＹｏｕＴｕｂｅｒの躍進を見る限り、もう一度あらゆるスピードを、昔の日本くらいに速めてもいいのではないか。僕も早口で滑舌が悪いのだが、このままでいようと思う。

（２０１７・６・29）

大手ＹｏｕＴｕｂｅｒプロダクション会社ＵＵＵＭの時価総額が１０００億円を超えたことが大きなニュースになった。その金額は、アミューズやエイベックスの実に２倍以上。やはり「速い」ことは正義なのではないかと思う。

離婚率の上昇はよくないことなのか

6月だったこともあり、立て続けに友人の結婚式があった。どれも幸せそうな結婚式だったが、いきなり縁起でもないことを言う。日本の離婚率は約3割である。少なくない夫婦が離婚を選ぶということだ。

ある投資家が、離婚しそうなカップルの見分け方を教えてくれた。結婚式で、両家の友人の行動を観察すればいいというのだ。もともと共通の友人が多かったり、自然と交流が生まれたりしている場合は、結婚が長続きする確率が高い。一方で、新郎新婦の人間関係や文化が違いすぎる場合は、残念ながら離婚することが多いという。

多分に誇張を含んだ離婚判別法だと思うが、確かに文化の違う人々が家族となり、親戚になるのは大変だ。玉の輿《こし》という言葉があるが、実際はお金持ちはお金持ち、名家は名家と結婚することが多い。資産だけではなく、教養やセンスという意味を含め、「階級」を超えた結婚は難しいのだ。

そもそも離婚の前に、結婚しない日本人が増えている。戦後しばらくの日本では、生涯未婚率が1%台。「世界一結婚好きの民族」なんて呼ばれていたこともあった。しかし今やこの国の生涯未婚率は2割近く。若者世代だと男性の3割、女性の2割が生涯結婚しないと推測されている。

僕の周囲にも結婚しそうにない男女があふれている。ある人はこんな説を唱えていた。結婚しないことは、進化であると。かつて人類は、集団でないと生活ができなかった。それが歴史と共に独立した家計を持つ核家族が誕生し、さらに近年では単身者でも豊かな暮らしを送れるようになった。昔ほど独身者も後ろ指さされたりしないしね。一人で生きて、一人で死んでいくことは、人類の最終形態であるというのだ。

確かに独り暮らしは快適だ。僕も仮に結婚するとしても、パートナーと玄関は分けたいと思っている。同じマンションに住むのくらいはいいが、家に帰った時に誰かが自分を待っている姿を想像すると、ぞっとしてしまう。

年をとってからも、すでに長い間一緒に暮らしたパートナーと地味な余生を送るよりも、「やすらぎの郷」のような場所に住むほうがよっぽど楽しそうだ。

こんな話をすると、「そんな若者が増えているから、婚姻率が下がり、少子化が進むんだ」と言われることがある。が、さすがに僕は多数派ではない。少子化は、日本の子育て環境があまりにもひどいことなどに起因する複合的な問題だ。

何はともあれ、結婚した友人たちには幸せになって欲しいと思う。もちろん、結婚の続くことが幸せな二人もいれば、離婚したほうが幸せというカップルもいるだろう。かつて離婚がタブーの時代があり、嫌々ながら夫婦生活を送った人々が多かったことを考えれば、離婚率の上昇は決して嘆くことではない。結婚や離婚の自由度の上がった現代社会は、まんざら悪いものでもない。まあ、こんなことを言ってるから、いつまでも結婚できないんだろうな。

（2017・7・6）

安定しているが不自由な社会か。不安定だが自由な社会か。僕なら断然、後者を選ぶ。だから昔に生まれなくて良かったと思う。ちなみに、このエッセイを書いた時期に結婚式を挙げたカップルは、文句を言いながらも結婚生活を維持している（一組は別居）。

東京とは大いなる田舎である

『大田舎・東京――都バスから見つけた日本《ニッポン》』という本を出版した。雑誌『BRUTUS』で連載していた「地上2・3メートルからの東京。」というエッセイをまとめたものだ。高さ2・3メートルというのは、都バスの車窓の高さ。子どもの頃から好きだった都バスに乗って、車窓から見下ろす東京論を書いてきたのだ。

地味極まりない連載だったが、数年続けているうちに約80のエッセイがたまっていた。そろそろ一冊の本になるかと思って作業を始めたのだが、ここからが大変だった。通常、本には2種類の作り方がある。全て未発表の文章を載せる書き下ろしと、雑誌などに掲載された作品をまとめるタイプ。どう考えても後者のほうが圧倒的に作業量は少ない。

今回は簡単に本ができちゃうなあと油断していたら、まず分量が足りなかった。このままだと岸政彦さんの『ビニール傘』（新潮社）のような、すかすかの本になってしまう。そこで都バスの乗り下ろしをして、１００路線分のエッセイを用意した。

できるだけ効率的にバスに乗るために、タクシーで始発の停留所まで行き、都バスに乗って、終点からまたタクシーで違うバスの始発を目指すということを繰り返していた。本末転倒も甚だしい気もしたが、背に腹は代えられない。

だが、いざ全エッセイを読み返してみたら重複が気になる。そりゃ、都バスにまつわるエッセイを100も書いたら、内容も似てしまう。結局、ほとんど全路線分、加筆修正をすることになった。

最も難しかったのは、タイトルと、本を貫くテーマである。連載タイトルの「地上2・3メートルからの東京。」では意味が通りにくい。「都バス」を全面的に押し出そうと思ったが、過去のバス関連本の売上を調べたところ、いまいち振るっていないことがわかった。

そこでテーマを「東京」に寄せたほうがいいのだろうと、手当たり次第に東京に関する本を読んでみる。様々な気付きはあった。最近の日本論は「日本はすごい」「とにかくすごい」「本当にすごい」みたいな印象論が多いが、東京論は、きちんと統計などのデータや歴史、地形に基づいて議論を進めているとかね。

ただ、一冊の本を貫通するテーマとしては弱い。そんな相談を友人にしていた時、ふと窓の外を見てみた。場所は青山近辺の路地。高層ビルではなく、民家や低層の雑居ビルが並ぶ景観は、足立区や練馬区と大して変わらないように見えた。

そういえば、100のエッセイの中でも繰り返し、超高層ビルが建ち並ぶ「大都会・東京」は、実際の東京のほんの一部でしかないという話を書いていた。ここまできてようやく、「大田舎」というキーワードが浮かんでくる。後は速かった。東京を「大田舎」だと考えてみると、色々と腑に落ちることがある。景観に限らず、外国人の少なさや規制の多さなど、東京は排他的な「田舎」そのものだ。

『大田舎・東京』は新潮社ではなく、文藝春秋から絶賛発売中です。

（2017・7・13）

読んでわかる通り、新刊の宣伝エッセイである。「東京」だけを走る「都営バス」というニッチなテーマの本だけあって、全然売れなかった。数十年後の都市社会学者あたりが、貴重な資料として発掘してくれたらいいのだけど。

上海で現金はレアアイテムだった

上海に行ってきた。2010年に開催された万博以来、年に何度かのペースで訪れてきた好きな街だ。

上海へ行くと、日本には訪れなかった未来を体感できる。特に浦東新区では、高さ492メートルの上海ヒルズを筆頭に、超高層ビルが軒を連ねている。2016年には、上海中心という地上高632メートルのビルも竣工した。見上げてあまりの高さにびっくりしてしまう。その姿は完全に、東京という田舎から来たお上りさんである。

お上りさんといえば、万博跡地にできた現代美術館に行った時のことだ。受付でチケットを買うため現金を出そうとしたら、まるで原始人を見るような目で「オンラインで決済してもらうか、電子マネーじゃないと困るよ」と言われた。言われてみれば確かに、来館者は入口付近に設置されたマシーンにスマートフォンをかざしてチケットを手に入れている。

噂は本当だったのか。

感慨深く、僕はその光景を眺めていた。

噂というのは、最近の中国がすっかりキャッシュレス社会になったというものだ。たとえば評論家の近藤大介さんが『現代ビジネス』で書いた記事では、次のような中国人の声が紹介されている。「私は現金を使うなんて、20世紀の映画かドラマの世界のことと思っていました」。中国のキャッシュレス社会に慣れた立場からすると、東京は完全に「20世紀の世界」に見えるというのだ。

確かに上海も、電子マネー社会になっていた。レストランやコンビニ、果ては屋台でも、現地の人々はスマホで決済をしている。偽札を掴まされる心配がないし、スタッフに現金を持ち逃げされる心配がないことも普及を後押ししたらしい。お年玉や割り勘も、電子マネーでのやりとりが珍しくないという。まるでLINEのメッセージを送る感覚で送金ができてしまうのだ。財布も持たずに、スマホ一台で街に出かける若者も増えている（一応、現金が全く使えないわけではない）。

僕の留学していたノルウェーでも、クレジットカードやデビットカードの電子決済が当たり前だった。最近では、現金の廃止も真剣に検討されている。政府が現金を廃止したいのは、お金の流れを監視したいから。全てが電子決済になれば、脱税も難しくなるし、闇経済は壊滅的なダメージを受ける。中国が電子マネー化を進めたのにも同じような思惑があるのだろう。

翻って日本。スイカやパスモは普及しつつあるが、中国や北欧に比べれば圧倒的な電子マネー後進国だ。それは、お金のやりとりをお上に管理されたくないという潜在的な意識が関係しているのだろう。住基ネットやマイナンバーなど、日本は国家による国民の管理に敏感な国だ（Ｔポイントカードにはあんなに進んで情報を差し出しているのにね。何となく企業のことは信頼しているらしい）。

個人的には監視社会の議論とは関係なく、一刻も早く現金を廃止して欲しいと思っている。現金ほど衛生的に汚いものもないからだ。

（2017・7・20）

ある中国の友人は「自分を未来人と思うことにした」と言っていた。ＩＴに関する日系企業の取り組みは、すべて数年前の出来事に思えるらしい。

「広大」「高層」が本当にいいのか

いつの時代も権力者たちは、大きさや高さを求めてきた。江戸城から、ベルサイユ宮殿、ピラミッドまで、権力者のシンボルとなる建築物は、多くの場合、巨大だ。一般人に威圧感を抱かせ、権力に対する尊敬を育む手法なのだろう。

最近、奈良県明日香村の甘樫丘《あまかしのおか》へ行ってきた。ここには乙巳《いっし》の変（大化の改新）で中大兄皇子や中臣鎌足に滅ぼされた蘇我氏の邸宅があったとされる。蘇我家は、天皇家以上の権力を持っていたという説に納得してしまうくらい、飛鳥の町並みが一望できる場所だった。

しかし景色はいいのだが、丘だけあって、上ってくるのはそこそこ大変。丘の上で休んでいたら、中学生軍団が現れた。放課後に友情ごっこでもするのかと思ったら、部活でのトレーニングに甘樫丘が使われているらしい。蘇我さん、あなたたちの権力の象徴が、身体を鍛える場所として使われていますよ……。

もちろん蘇我の氏族たちが自分の足で歩いていたとは思えない。それでも上り下りに時間は要したはず。朝廷への通勤時間が丘の高さ分、余計にかかっていたことになる。

考えてみれば、これは現代のタワーマンションも同じだ。一時期はセレブの象徴だったタワマンだが、高層階ほどエレベーターの昇降に時間がかかる。タワマン住民は、部屋からの景観と引き替えに、毎日多くの時間をエレベーター内で費やしているのだ。高いところに住むのも楽ではない。

大化の改新を経て、律令国家の完成を目指した古代日本。ミヤコも飛鳥から移っていった。有名なのは平城京と平安京だが、どちらもとんでもなく広くて立派なミヤコだ。たとえば、平安京には「大路」と呼ばれる幅30メートルの道が16本もあった。今でいう約9車線分にあたり、何と現代の国会議事堂前の正面道路ほどの広さである。唐風の都城をパクって、新制日本の権威を高めようとしたわけだ。

しかし当然そんなインフラを維持するのは不可能だった。桃崎有一郎さんの『平安京はいらなかった』(吉川弘文館)に詳しいが、大路も結局は牛馬の放牧地になっていたらしい。平安京全体で見ても、10世紀末の段階で4分の1しか稼働していなかったという。大いなる無駄なミヤコだったわけだ。

天皇家の私的空間である内裏も、室町時代までには極小化していた。一時期の面積は半町ほど。平安期における、ちょっと羽振りのいい受領の家よりも小さい。しかし内裏がここまで狭くなったことに対して、不満の声は上がらなかった。むしろかねてから、「内裏が広すぎて不便だ」と批判され、その縮小が何度も提案されてきたという。

「身の丈に合う」という言葉がある。しかし、人体としての「身の丈」は、権力者も一般人もそれほど違いがない。巨大すぎるものは、やはり不便なのだ。ネットやVRが発達して、座ったままできることが格段に増えた現代。広くて高いことに価値がなくなる日も訪れるのだろうか。

（2017・7・27）

フランスのベルサイユ宮殿も、部屋を狭くする改築が何度も行われてきたという。あまりにも広すぎる空間は居心地が悪いというのは、古今東西、普遍的な真理なのだろう。お金持ちになることが本当に幸せなのかを考えさせられる。

科学が魔法を超える時代

映画『メアリと魔女の花』を観てきた。スタジオジブリ所属だった米林宏昌監督の作品だ。田舎に引っ越してきた少女が、一夜限りの魔力を手に入れる物語である。

面白かったのは、作中の魔女が大した魔法を使っていなかったこと。空を飛ぶときもドローンのような機械に乗っているし、魔法学校内の移動はエレベーターだったりで、「魔法ってもういらないんだな」と思わせてくれる映画だった。

ＳＦ作家のアーサー・Ｃ・クラークに「十分に発達した科学技術は、魔法と見分けがつかない」という有名な言葉がある。

確かに中世人が現代にタイムスリップしたら、魔法の世界に来たと勘違いするかも知れない。鉄の塊は空を飛ぶし、地球の反対側に住む人と会話はできるし、瀕死の病人が生き返ることもある。

かつての人が夢見た魔法は、もうほとんどが実現してしまったのだ。

しかも、その「魔法」は特権階級だけが享受できるものではない。今や世界の60億人が携帯電話を持ち、平均寿命は70歳を超えた。この一世紀で倍以上になった計算だ。天然痘を始め、人類を苦しめてきた病気は次々に根絶されつつある。

そういえばこの前、銀座三越に行ったら、浮く盆栽が売られていた。空中で回転する盆栽を鑑賞できるキットだ。老舗《しにせ》デパートの三越まで浮遊物を売っている現代は、まさに魔法の時代だ。

しかし、この時代特有のジレンマがある。それは、未来やユートピアを描くのが困難になってしまったことだ。たとえば昔の人だったら、飢えと病いのない場所を天国として素朴に夢見ることができた。しかし現代人からすれば天国は退屈そのものだろう。多少風光明媚で、食糧が充実しているくらいで21世紀の消費者たちは騙されない。

では「どんな天国なら行ってみたいか」と問われても難しい。自分がモテて仕方ない世界に行きたい？　それならアニメやゲームがたくさんある。巨万の富を得たい？　巨大な人口が平等に暮らす天国は、おそらく共産主義に近いだろうから、その夢は天国で叶えるよりもこの資本主義社会で実現したほうがいい。

先進国の政治家たちは、目指すべき社会のあり方を語れずにいる。かつては貧困撲滅や富国強兵などを叫んでいればよかったが、食うに困るレベルの貧困は世界中から消えつつある。依然として格差は主要な争点であるが、社会主義の失敗が判明した今、それは再配分の程度をどれくらいにするか（所得税率を何％にするか）の問題に過ぎない。

若い世代が大きな夢を語らなくなり、田中角栄のような破格の政治家が消えたのは、社会が成熟した証左なのだ。最近では、どんなＹｏｕＴｕｂｅｒよりもアバンギャルドな松居一代を見て、年長世代の破壊力を思い知らされた。

しかしこの社会にも、まだ実現不可能なことがある。一つはダイエット。お金持ちは探求すべき夢として、わざと自らを太らせているのだろうか。

（２０１７・８・３）

こんな時代に、「現代の魔法使い」を名乗る落合陽一くんは偉いなあと思う。

応援上映の専門家になってみた

応援上映が話題だ。応援上映とは、映画館で登場人物を応援しながら映画を観ること。観客たちは、ペンライトを振りながら、「頑張って！」「その調子でいこう！」といった具合に、作中の人物に大声で声援を送るのだ。コスプレをした観客も多く、雰囲気はさながらライブ会場である。

マスコミが応援上映に注目し始めたのは、２０１６年に公開されたアニメ映画『KING OF PRISM by PrettyRhythm』（キンプリ）のヒットから。別アニメのスピンオフ作品で、わずか14館で公開が始まった映画にもかかわらず、最終的に興行収入は8億円を超えた。キンプリが設けた応援上映会は、新しい映画の鑑賞スタイルとして「画」になりやすいこともあり、テレビでも特集が組まれていた。

何を隠そう僕もＮＨＫの番組に「応援上映の専門家」として呼ばれたことがある。いやあ、「専門家」って名乗った者勝ちなんですね（本当は、何百回も応援上映に通い詰めている猛者のほうが「専門家」だけど）。

ただし応援上映は全く新しい発明というわけではない。たとえば、1975年公開のホラー映画『ロッキー・ホラー・ショー』では、観客が歌い踊ったり、紙吹雪を投げたり、参加型形式で上映されることがあった。

現代的な応援上映の発祥は、定義によるのだが、有力なのは2007年に公開されたアニメ映画『Yes!プリキュア5』のミラクルライトという説だ。ミラクルライトは、子どもを飽きさせないために考案された来場者プレゼント。上映中、ライトを使ってプリキュアを応援する。

ミラクルライトは純粋に子ども向けのものだったが、次第に応援上映は「大きなお友達」にも広がっていく。ちなみに大きなお友達とは、本来は子ども向けだったアニメやマンガなどに夢中になる大人のことだ(今回のエッセイ、無駄に情報量多いですけど大丈夫ですか)。

なぜ応援上映はここまでブームになったのだろうか。よく言われるのは一体感。スマホでいくらでも映像作品を観られる時代だが、応援上映を体験したければ映画館に行くしかない。

それに加えて、禁忌を破る気持ち良さもあるのかも知れない。本来は静粛であることが求められる映画館内で大声を出すのは楽しい。無邪気に誰かを応援するのは、童心に返ることでもある。

興味深かったのは、作中に悪の組織が登場した時の観客たちの反応だ。彼らは一斉に敬礼のような動作をした。そっちまで応援するのかと驚いた。しかし敬礼は世界中の軍隊や政治イベントで採用されてきたくらい、人間が好きな動作だ。有名なのはナチス式敬礼だが、敬礼は彼らの専売特許ではない。ナチスに対抗したドイツ社会民主党も、躍進のきっかけはカリスマ創設者による、挙手の宣誓や身体儀式を組み合わせた祝祭型の演説だった。

集団で何かに陶酔するのは気持ちいい。だが現代人はその怖さも知っている。このバランスの上に成立しているのが応援上映なのではないか。と「専門家」っぽく真面目に解説してみた。

（2017・8・10）

応援上映のブームは続いている。ただし時間帯と地域によって盛り上がり方は様々。本当に「応援」したい人は事前リサーチを欠かさずに。

防衛省に北朝鮮と対峙する資質はあるのだろうか

防衛大臣が辞任した7月28日深夜に、北朝鮮から弾道ミサイルが発射された。『毎日新聞』のウェブサイトに「こんな時に」というタイトルが躍っていたので、「こんな大変な時期に大臣が辞めて困る」という記事かと思ったら違った。省内が混乱している「こんな時に」、北朝鮮にも困るという趣旨の発言が、防衛省職員からあったらしい。

新聞記事なので実際のニュアンスはわからないが、お気楽とも思える発言だ。有事はいつ起こるかわからない。事実、政府はテレビCMまで活用して、北朝鮮のミサイル落下の危険性を訴えていた。避難訓練までする自治体もあったようだ。そのミサイル発射を、防衛省が「こんな時に」で済ませられるなんて。

この一年近く、マスコミでは防衛大臣だった稲田朋美議員の「資質」が問われ続けてきた。その騒動を見ている中で、僕は一つの疑問が拭えなかった。組織としての防衛省は、有事に対応できる「資質」があるのだろうか、と。

マスコミには防衛大臣の批判材料がリークされ続けた。トップが気に入らない場合、あらゆる手を使って潰しにかかる組織なのだろう。

だが、本当に北朝鮮の危機が切実なものであったならば、大臣潰しをしている暇などなかったはず。北朝鮮だけではない。中国など隣国との有事に備えるという名目で、防衛費の増額が要求されてきた。しかし、最近の騒動を見る限り、防衛省は、大臣潰しに夢中になれるくらい、有事に対する危機感が希薄だったと思われても仕方ない。

もっとも、北朝鮮は厄介な隣国ではあるが、その行動には一定の合理性があると考えることは間違っていないと思う。

最近一番腑に落ちたのは『新版　北朝鮮入門』（東洋経済新報社）の説明だ。同書によれば、北朝鮮が教訓としているのはリビアのカダフィ政権だ。リビアは米英との交渉で核兵器開発の放棄に応じた。アメリカは見返りとして経済制裁を解除し、国交正常化が実現した。

しかし2011年にアラブの春が起こる。この内戦で、欧米は反政府勢力を支援する軍事介入を行い、カダフィ政権は崩壊に追い込まれ、カダフィ自身も殺害された。

核の放棄に応じても、欧米は平気で裏切ってくる。その「教訓」が北朝鮮を、核兵器開発に向かわせているというのだ。だから、北朝鮮が核ミサイルの開発に成功しても、それで大戦争を始める可能性は低いと考えていいと思う。

しかし、有事は偶然から勃発することがある。身内潰しとリークが横行する防衛省は、有事の際、本当に国民を守ってくれるのだろうか。戦争中でも、トップが気に入らなかったら、リーク合戦が起こるのではないか。ある政治家から「戦争が起こったら財務省に任せたい」という冗談を聞いたことがある。確かに彼らは増税のためなら一致団結できる組織。それを財務省の友人に言ったら「うちに任せると、まず仲の悪い経産省と文科省を誤爆します」と返された。

（2017・8・17／24）

大日本帝国時代から言われていたことだが、軍人もまた官僚なのである。彼らにとって、国民を守ることはもちろん大事だろうが、自分の立場を守ることも同じくらい大事なのだ。

週刊誌の存在意義は噂を広めること

この連載を始めてから、本誌『週刊新潮』や『週刊文春』を読む習慣がついた。最近面白かったのは『週刊文春』の岸田文雄自民党政調会長に対する評。「話のつまらなさには定評があり、取材した記者の誰もが音を上げる」。関係者談ということになっているが、「話のつまらなさには定評がある」とは秀逸な表現だ。岸田さんと面識がなくても、一瞬で彼の人となりがわかった気になってしまう。

いきなりライバル誌の話をしてしまったが、最近は『週刊新潮』も好調ですよね。ただ個人的に面白かったのは、スクープよりも、出会い系バーの「貧困調査」で話題になった前川喜平元文部科学事務次官の「へい散歩」というグラビア記事。

彼が昼下がりの新宿で目撃されたというのだ。「目指す先は、まさか、この街で通い詰めていた出会い系バーなのか？」と煽りながら、人の良さそうな、すっとぼけた顔の前川さんの写真を載せる（実際は新宿でトークイベントがあっただけ）。

はっきり言って、岸田さんの話がつまらないとか、前川さんが新宿で目撃されたとか、本当にどうでもいい情報だ。だけど、つい夢中で読んでしまう。どうしてなのか。

それは一言でいえば、人類が噂好きだから。

なんで前川さんの散歩が人類の話になってしまうのか。順を追って説明していこう。上巻で挫折した人が多いことで知られるベストセラー『サピエンス全史』でも採用されていた説だが、人類の言語は噂話により発達したという説がある。

実は、言語は人間だけのものではない。ミツバチは羽音で食物のありかを伝えるし、サバンナモンキーに至っては「気をつけろ！　ワシだ！」と「気をつけろ！　ライオンだ！」をきちんと区別して発音することができるという。

では人類の言語の特徴は何かというと、目の前にいない人や物について考えることができるという点だ。つまり噂話である。社会を営んでいくためには、噂話が必須だ。誰と誰が仲良しで、誰と誰が不仲なのか。集団を維持するためには、噂話を通して入手する情報が非常に重要である。

かつて、噂の対象は家族や村など、自分の属する集団に限られていた。しかし、近代化、グローバル化によって、僕たちは世界中とつながることになった。

しかも、もともと噂好きの人類。自分の住む地域、さらには国境を越えてまで噂が飛び交うようになった。

「トランプって地毛らしいよ」とか「マクロンが熟女好きで、バイって本当？」とか。本当にどうでもいい話だ。彼らの頭事情や性的指向は政治家の資質と全く関係がない。昨今ではポリティカルコレクトネス（政治的正しさ）の観点から、こうした話自体をすべきではないという議論もある。

しかし、その主張が広く受け入れられるには、まだ長い時間がかかるだろう。何せ、人類は何万年もの間、ずっと噂好きだったのだ。

こうして今日も週刊誌は日本中、世界中の噂話を人々に届け続ける。

（2017・8・31）

「文春砲」が注目を浴びたことで、文藝春秋は新卒採用の応募が大きく減ったらしい。学生が「週刊誌記者」になることを倦厭したのだ。今や文藝春秋が「文芸」の名門出版社だと知らない学生も少なくないと聞く。新潮社も事情は似ているだろう。本当は「文芸」も「スクープ」も、歴史あるものなのにね。

「反韓」こそ真の韓流ファンである

光復節に合わせて韓国に行ってきた。光復節は、日本からの独立を祝う韓国の祝日で、日本の終戦記念日と同じ8月15日に当たる。韓国といえば、「反日」に関するニュースを毎週のように目にするが、光復節では一体どれほどの「反日」運動が見られるのかを知りたかったのだ。

ソウルに到着した8月14日、早速びっくりするような「反日」の光景に出くわした。慰安婦バスである。

ソウル市内で路線バスに乗ったところ、運転手のすぐ後ろの席に、謎の少女像が腰掛けていた。何かの現代アートなのかと思ったら、慰安婦問題を象徴する「平和の少女像」だというのだ。

しかもバスが日本大使館前を通りかかると、バス車内に悲しげな音楽が流れ始める。つり革や手すりにスマートフォンをタッチすると慰安婦情報を知ることのできる仕掛けも用意されていて、走る「反日」とも言えるバスだ。

さすがエンタメの国、韓国。発想がなかなかぶっ飛んでいる。

バスを降りて、日本大使館前へ向かうと、ニュースでもお馴染みの少女像がいた。2015年の慰安婦問題日韓合意では韓国側が「適切に対応」すると約束したものの、移設や撤去は実現に至っていない。像の隣には仮設テントが設置され、地元の大学生たちがボランティアで詰めていた。

そしていよいよ8月15日。光化門広場前で大きなデモがあるというので行ってみる。強い雨が降る中、爆音と共にデモ隊が現れた。サウンドカーに先導されたデモの列が視界の彼方まで続いている。

さて、どんな「反日」の様子を目撃できるのかと思ったら、「NO TRUMP」「NO WAR」という標語が掲げられていた。え？　トランプ大統領？

そうなのだ、今回のデモの目的は、アメリカのTHAADミサイル配備に対する抗議。中には、「徴用工問題を忘れない」「親日派を一掃する」というコールもあったが、全体から見ればほんの一部。警察発表で6000人に及んだデモ隊は、最終的にアメリカ大使館前に押しかけた。

同じ日に日本大使館前でもデモはあったが、その規模は光化門広場のデモに比べると遥かに小さかった。実は慰安婦バスにしても、乗客の9割は少女像に気付かないか、全くの無関心だった。気付いた乗客も、軽く写真を撮る程度。強い興味や怒りは感じられない。

同じくソウル市内に設置されたばかりの徴用工像も見て来たが、こちらも見事に注目を浴びていない。日本人観光客である僕が、誰よりも熱心にやせ細った男性の像の写真を撮っていた。

日本で韓国のニュースを見ていると、どうしても「反日」の話題ばかりが目に留まる。しかし最近の韓国の関心はすっかりアメリカや中国など大国との関係に移行している。経済的にも日本の重要性は相対的に低下している。「反日」のニュースに対して、誰より敏感に反応しているのは、日本の「反韓」の人々だ。その意味で、彼らこそ真の韓流ファンと呼ばれていい。

（2017・9・7）

徴用工裁判、レーダー照射など、韓国との話題には事欠かない。ここまでネタが豊富だと、そろそろ「反韓」にも飽きが来ているのではないだろうか。

老人革命に期待したい

『安楽死で死なせて下さい』（文藝春秋）という新書が、抜群に面白かった。著者は『おしん』や『渡る世間は鬼ばかり』で有名な脚本家の橋田壽賀子さん。執筆時で92歳の橋田さんが、安楽死の法制化を訴える本だ。

橋田さん曰く、自分は天涯孤独の身で、人に迷惑をかける前に死にたい。そこで橋田さんは「どうしたらいいかなと思ってスマホで調べてみた」という。スマホ使えるのか……。結果、スイスにある70万円で安楽死をさせてくれる団体を見つけ、日本でも死に方の選択肢の一つとして、安楽死があってもいいと提案する。

現在の日本では、安楽死の議論自体を忌避する雰囲気がある。特に政治家や官僚が安楽死の法制化を訴えようものなら、「高齢者を殺す気か」という批判が殺到しそうだ。世論調査によれば、国民の約7割は安楽死に賛成だというが、わざわざ嫌われるリスクをおかしてまで安楽死の制度化を推奨するような若い政治家はいないだろう。

しかし高齢者本人が安楽死をしたいと言うなら誰も文句がつけられない。橋田さんの問題提起にも多くの応援の声が集まったという。

かつて、この国では若者が中心になって叛乱を起こした時代がある。学生運動はその最たる例だ。

それから半世紀が過ぎ、最近の日本では老人たちの叛乱が面白い。数年前に世間を騒がせた国会前デモも、SEALDsばかりが注目を浴びたが、実際のデモ参加者には高齢者が多かった。

最近では80代の脚本家、倉本聰さんの『やすらぎの郷』が、すこぶる挑戦的だ。

こんなエピソードがあった。高齢者講習がパスできずに運転免許を返上することになった登場人物の一人が、高級外車ハマーを盗み出し、高齢者施設を脱出、高速道路を猛スピードで逆走してパトカーとカーチェイスを繰り広げるのである。結局は警察に捕まるものの、認知症を装い、罪には問われなかったというオチだ。若い脚本家には中々書けない筋書きだろう。

なぜ高齢者はこんなにも面白いのか。

大前提として、失うものが少ないから自由に振る舞えるのだろう。遠慮のない人たちの発言は、本当に魅力的だ。

加えて、人口もあると思う。絶対数が多いため、面白い人が多いのだ。しかし僕が期待するのは、更なる老人の叛乱である。歴史上、社会を揺るがすような動乱、革命や戦争は若者人口の多い場所で起こってきた。学生運動時代の日本や、最近のアラブ世界がそれに当たる。仕事が足りず、野心を持て余した若者たちが、社会を不安定にするのだ。

その文脈でいえば、今の高齢者はかつての「若者」に似ている。仕事や居場所はないが、エネルギーを持て余している高齢者が、この国には大量にいる。彼らにひとたび火が付けば、ものすごいパワーになるはずだ。近い将来、老人革命が起きてもおかしくない。橋田さんたち高齢者の活躍にこれからも注目だ（僕の方が老人みたいですね）。

（2017・9・14）

『文學界』という雑誌で恐る恐る「安楽死」に触れてみたら、案の定、炎上した。あらゆる議論は中立的ではない。「何を言うか」と同じくらい「誰が言うか」は大事なのだろう。

来世を信じれば楽になる

突然だが、生まれ変わりを信じている。何もスピリチュアルに目覚めたわけでもないし、新興宗教に帰依したわけでもない。単純に、生まれ変わりがあると仮定したほうが、生きるのが楽だと思っているからだ。

世間には「人生は一回だけ。だから精一杯生きるんだ」といった暑苦しいメッセージが溢れている。だが本当にそうなら、それはあまりにも忙《せわ》しないと思う。

その忙しなさは、旅先での行動に似ている。北極圏に位置するノルウェー北部の岬、ノールカップに行った時のことだ。こんな場所はもう二度と訪れないと思い、岬をくまなく探索しようとした。あらゆる角度から写真を撮影し、ミュージアムも入念に見て回った。

しかし、その行動がふとむなしくなったのだ。なぜ世界の果てまで来て、こんなにせかせかしているのだろう、と。

確かに、ノールカップは行きづらい。日本からノルウェーへの直行便はなく、首都のオスロに着いてからも、飛行機と長距離バスを乗り継ぐ必要がある。

だが、絶対にもう二度と行けない場所かといえば、決してそんなことはない。もし一刻も早くノールカップに行かなくてはならないとなった場合（絶対にあり得ないけど）、スカンジナビア航空を乗り継げば、最短18時間でアルタという街に着く。アルタからノールカップまでは、バスではなく、タクシーやレンタカーを使えば3時間半。なんだかんだで1日あれば行けてしまうのだ。

同じことは、世界中のほとんどの場所に言える。ウユニ塩湖も、マチュピチュも、どんな秘境であっても、せいぜい片道2日で行けるような場所がほとんどだ。

それに気付いてからは、オリエンテーリングのようにチェックポイントを巡る旅を止めた。観光地も名所も、行きそびれたならまた来ればいい。

人生も似ていると思った。もし生まれ変わりがあるという立場に立つなら、今生でのやり残しは、来世に持ち越せばいい。そもそも、全ての夢を叶え、本当に幸せな人なんて、ほとんどいない。どこかの首相は謝罪させられてばかりだし、どこかの大統領はイライラしてばかりだ。一生を全くの悔いなしに終えるのは本当に難しそうである。

人生100年時代とはいえ、一人の人間ができることなんて、本当にたかが知れている。だとすれば、この一生の後に、生まれ変わりがあると信じたほうが、心安らかに人生を送れるのではないか。「あれもこれもやらなくちゃ」と急がずに、今本当に興味のあることを優先して人生を楽しめばいい。今生がダメなら、来世があるとのんきに構えていればいい。

問題なのは、生まれ変わりがなかった場合だ。「来世があると思って無駄に一生を過ごしたじゃないか」と言われても責任は取れない。しかし、本当に生まれ変わりがあるかどうかは死んでみないことにはわからない。「来世なんてなかったじゃないか」というクレームが届くことはあり得ないのだ。

（2017・9・21）

自分でも、この「来世がある」という発想は気に入っている。『平成くん、さようなら』という小説でも、主人公に「来世があると信じたほうが合理的」と言わせてみた。

レフェリーは今日も決めつける

知人からドヤ街に行こうと誘われた。それ自体はいいのだが、理由を聞いて頭を抱えてしまった。社会学者として「社会の底辺」を見ておいたほうがいいと言うのだ。

僕が職業柄、様々な社会階層の人に出会ったり、世界の様々な場所に赴いたほうがいいことまでは同意できる。しかし、ドヤ街を安易に「社会の底辺」と分類してしまう態度が引っかかったのだ。もちろん、日本の平均から考えればドヤ街に住む人の平均所得は低いだろうし、既存の社会からドロップアウトした人も多いかも知れない。だけど、なぜその場所を、赤の他人が「社会の底辺」と決めつけることができるのだろう。

かつて歌手の中島みゆきが、こんな架空対談を行ったことがある。聞き手も答え手も、共に彼女の創作だ。

「挑戦するんだけど常に失敗続きの敗残者と、安全圏を死守する日々で成功を収めた者とでは、どちらを支持する？」という質問に対して、こう答えるのだ。「一つ忘れてるよ。失敗と成功の境界線を引くレフェリー気取りの奴、あたし、レフェリー以外は全部支持する」。

みゆき、かっこいい！　そうなのだ、僕たちには気付かずにレフェリーになって、他者の成功や失敗を決めつけてしまう瞬間がある。だけど本当は、成功者か失敗者かなんて、他人に決められる類の問題ではない。同様に、ドヤ街を「社会の底辺」と決めつけるのも、レフェリーの傲慢だ。

考えてみれば、現代社会にはどこを見渡してもレフェリーが溢れている。「私は不倫もいいと思うんです」「政治家が不倫なんてとんでもない」。時には寛容を装って、時には正義感を身にまとい、社会の様々な事象に対して審判を下すレフェリーが、とにかく多い。

なぜか。逆説的だが、レフェリーでいる限り、他者の審判から逃れられるからではないか。社会にレフェリーが多いということは、自分自身が何らかのジャッジを受ける機会も多いということだ。しかし、上から目線で評価を下すレフェリーになってしまえば、自分だけは安全圏に身を置くことができる。つい先日も、自分では不倫を楽しむ主婦が今井絵理子を猛烈に批判しているのを目撃した。

もちろん実際には、レフェリーもまた他者からの評価にさらされている。レフェリーの代表格である週刊誌やワイドショーのコメンテーターは、しばしば批判の対象になる。当事者でもないくせに、何様目線で物を言っているのだ、と。

もっともな意見だと思う。しかしここで、いきなりレフェリーの擁護に走るが、社会というゲームを進行していくには時にはレフェリーも必要なのだと思う。安楽死の是非など、この社会にはまだまだ決着のついていない問題がたくさんあるからだ。

一人の絶対的なレフェリーに支配されてしまう社会は怖い。それならば多様なレフェリーがいたほうがいいだろう。

というわけで今週もまたレフェリー気取りで偉そうなことを書いてしまった。

（２０１７・９・28）

今日もＳＮＳには全身に「正義」を武装したレフェリーたちが跋扈する。彼らは反論のしにくい「正論」を振りかざす。槍玉に挙がった人々は、完膚なきまでに叩きのめされる。果たしてこの営為は、社会を良くしているのだろうか？

「限定」は常に「定番」に劣る

そろそろ街にハロウィン限定商品が並び始める頃だ。僕もすでにパンプキン味のチョコレートやケーキを見かけた。断言しよう。そのほとんどは、大して美味しくない。なぜなら、本当に美味しい商品が開発できたなら、「限定」ではなく「定番」に鞍替えされているはずだからだ。

たとえば、イチゴを使ったショートケーキは年間を通じて発売されている。イチゴの旬は春なので、本来ならばおかしな話である。それだけイチゴのショートケーキには需要があるということなのだ。

季節限定と同じ理由で、希少食材が本当に美味しいのかも疑うようにしている。シカやイノシシ、クマなどジビエ料理を提供してくれるお店がある。完全な私見だが、それも多くの場合、美味しくない。つい先日食べたシカのフルコースも、高いだけでやたら水っぽさが印象に残った。

そこで気付いたことがある。牛や豚、鶏は流行するだけある、と。ジビエを持てはやす人は、往々にして牛肉や豚肉の偉大さを軽視しがちである。人類はすでに紀元前に牛や豚の家畜化に成功している。それから何千年にわたって、古今東西で牛や豚、鶏は「流行」し続けてきたのだ。

日本でも高度成長期以降、消費量が拡大し今では一人当たり、年間で各12kgの豚肉と鶏肉、6kgの牛肉を食べるまでになった。政府は農業被害を防ぐという観点からイノシシやシカなどジビエ消費を増やそうとしているが、一筋縄ではいかないだろう。だってやっぱり、ものすごく美味しいものではないから。もしもシカやクマが極上の味だったら、とっくに人類はもっと本気になって家畜化に取り組んできたはずだ。

あらゆる「限定」や一時的な「流行」は、「定番」に劣ると言っていいだろう。ぱっと思い出したのは1990年代後半のスケルトンブームだ。パソコンから始まり、電話機、ゲーム機、果ては日清食品までが「カップヌードル・スケルトン」を発売していた。ふたとカップを透明にして、内部をよく見えるようにした限定商品だ。

当時の社会学者は「未来を描けなくなっている現代人が求めている」のがブームの原因と分析していたが、当然ながら流行は長続きしなかった。

「定番」とは、流行し続けているもののことだ。それは決して時代遅れの遺物などではない。「定番」をバカにする者は「定番」に泣く。たとえば、文字の読み書きはかれこれ６０００年くらいブームが続いているし、株券も４００年以上流行している。すっかり社会に欠かすことのできない定番だ。

考えてみれば、どんな定番も初めは一時的な流行だったかも知れない。人類は、無謀な試みを繰り返し、定番を増やしてきたのだ。

だから僕も、間違いなく失敗するとあきらめながら、今年もハロウィン限定チョコレートに手を出すのだろう。そんなトライ&エラーを繰り返しながら、僕たちの世界は豊かで多様になってきたのだから（そんな大した話ではない）。

（２０１７・10・５）

ハロウィンが急速に「ダサい」イベントになりつつある。特に２０１８年の渋谷はひどかった。「定番」のイベントになるのは大変らしい。

チョコレートの声が聞こえた

夢遊病のように、真夜中にチョコレートを食べるという習性がある。自分では全く記憶にないことも多く、目覚めると枕のまわりが真っ黒で、吐血したのかと驚いた時もあった。実際は、チョコを食べかけて口にくわえたまま寝てしまっただけである。

さすがに30代にもなってこんなことを繰り返していてはまずいと、最近はガムテープで梱包したり、わざと天井に近い棚に隠すなど、チョコ封印作戦に乗り出した。しかし所詮は無駄な努力。起きると決まって、チョコの残骸が散らばっているのだ。

先日は、初めての幻聴を経験した。

その日もいつものように、真夜中にチョコレートを食べようとキッチンへと向かった。冷蔵庫からチョコレートを取り出そうとした瞬間である。突如、身体の奥底から「やめて」という声が聞こえたのだ。

もしかしたら幽霊かも知れない。慌てて寝室へ戻る。しかし幽霊が、そんな栄養士みたいな指摘をしてくれるだろうか。

おそらく、「チョコを食べてはいけない」という無意識が生んだ幻聴だったのだろう。一安心と思い、チョコを口にして、再び眠りに就いた。

チョコレートを本格的に食べるようになったきっかけは、大学時代に交換留学で訪れたノルウェーだ。ノルウェーは、本当に人々が食事に無頓着な国だった。

たとえば代表的なノルウェー人の食事はこんな感じ。朝は各自がパンにチーズやジャムを挟みサンドウィッチを作る。余分に作ったサンドウィッチを学校や職場に持参し、それがそのまま昼食になる。そして夜は国民食の冷凍ピザ。温かい食事は一日に一度あればいいという発想らしい。

もっとも最近は食事情が若干マシになったようで、友人が「社食で温かい料理が食べられるようになった」と大喜びしていた。元々、寒冷な地域で大した食材がなかったことに加えて、男女共働きが当たり前で「ゆっくり食事を作る人」がいないことが遠因だろうか。

しかも物価が異様に高い国だ。当時はレートも悪く、ペットボトルの水が500円、マクドナルドでセットを頼めば2000円近くするといった有様だった。

そんなノルウェーで出会った奇跡が、フレイアという会社のミルクチョコレートである。ミルクの濃厚な味わいと、頭痛と胸焼けがするほどの甘さ。日本市場で受けいれられるかはわからないが、僕が世界で一番好きなチョコレートだ。デイリーミルクやリンツなど日本でも買える甘いチョコはあるが、一番はフレイア。

あまりにも好きすぎて、海外輸出の可否を問い合わせたことまである。残念ながら温度管理ができないので、原則として、北欧以外の地域には輸出できないとのことだった。ノルウェーに行く機会があったら、黄色いパッケージが目印のフレイアのチョコを探してみて欲しい。僕もチョコを買うためだけに、冬のノルウェーに行くかを迷っている。一緒にチョコ中毒仲間になりませんか。

（2017・10・12）

最近は「キッチンセーフ」という封印ボックスを使っている。自分で決めた時間まで、絶対に蓋が開かないという箱だ。ただしストックが多すぎてチョコが入り切らないのが目下最大の悩みである。

ダイエットは意志の問題なのか

突然だが、太った。2kgくらい増えてしまった体重が全く戻らない。だから最近はダイエットのことばかり考えている。以前もこの連載でダイエットについて書いたことがあるが、林真理子さんほどの頻度ではないので許して欲しい。

体重を減らすのは本当に難しい。少し前、歌手のマライア・キャリーの体重が119kgに達したというニュースが世界中を駆け巡った。マライアといえば、資産500億円以上と推定される世界有数のセレブ。そんな彼女でもダイエットはうまくいかないのかと暗澹たる気持ちになった。金の力を使っても痩せるのはそんなに難しいのか……。

日本でもしばしば有名人たちの「激太り」ニュースが世間を賑わせる。歌手、作家、プロデューサー、新潮社出版部部長など、あらゆる業界にデブは棲息している。この国には体重制限法といった法律はないため、デブが罰せられることはないが、彼らはしばしばダイエットを繰り返しては、失敗している。

なぜダイエットは難しいのか。最近出版された『人はなぜ太りやすいのか』（みすず書房）と『ダイエットの科学』（白揚社）という2冊の本を読んでみた。ハードカバーの学術書だけあって合わせて7236円の出費だが、ダイエットグッズだと思えば非常に安い。ライザップの数十分の一である。

しかし読破してわかったのは、がっかりする知見ばかりだった。結論を要約しよう。「現代人が太るのは当たり前。簡単なダイエット法なんてない」。ホモサピエンスの身体は狩猟採集時代から大きな変化がない。にもかかわらず、現代社会では、食糧獲得のために多大な労働をすることもなく、ボタン一つでピザからクレープまで何でも家の玄関まで届く。そりゃ太って当たり前というわけだ。

ダイエットはもっぱら意志の問題だと考えられてきた。食べる量を減らして、運動をすれば誰でも痩せるはずだ、と。しかし話はそう単純ではないらしい。

イギリスでの調査によると、3ヶ月以上のダイエット経験がある人は、ない人に比べて太っていたという。なんと！　制限だらけの単調な食事をしていると、脂肪を減らすまいとする身体からの信号が発信され、ちょっと食べるだけでも太る身体に「進化」してしまうらしいのだ。

確かに人類の長い歴史においては、痩せていることのほうがリスクだった。飢饉や寒さには弱くなるし、脳が働くにも脂肪が必要だ。身体は隙さえあれば太ろうとしてしまうのだ。

しかしこの世には、いくら食べても太らない瘦せ型遺伝子を持つ人もいる。ある推計では、人口の3分の1もいるらしい。では瘦せ型遺伝子を持っていないデブはどうすればいいのか。

かつてデブが崇められた時代があった。明らかにデブをモデルにしただろう埴輪もある。同じように、いつかまたデブが上位に立つ時代が来る可能性だってある。僕はそんなの信じないので、地道にダイエットに励みます。

（2017・10・19）

最近、力士の隣に並んで微笑む林真理子さんの写真が送られてきた。本人もエッセイで書いている通り、究極のダイエット術だと思った。僕も実践したい。

未来予測は恥ずかしい

このエッセイが掲載される『週刊新潮』の発売日は2017年10月19日と聞いている。しかし原稿を書いているのは10月7日。小池百合子都知事のぶち上げた「ユリノミクス」「花粉症ゼロ」などの公約に世間が盛り上がっていた頃だ。

紙メディアでは、執筆時と発表時にタイムラグが生じてしまう。その意味において、出版物に文章を寄せることは、まるで未来への手紙を認《したた》めるようなものだと思う。しかも、週刊誌ならまだしも、単行本なんて何十年も読み継がれる可能性がある。場合によっては、とんでもない恥を後世に残すことになる。

恥が露呈しやすいのが、未来予測だ。高度成長期には21世紀予測が流行していた。その結果が徐々に明らかになりつつある。

たとえば科学技術庁が1960年に発刊した『21世紀への階段』は21世紀の日本社会をこのように描く。

原子力ランプが普及し、街路や屋内を24時間照らすようになり、建物からは採光のた

め の窓が消える。原子力潜水艦による海底旅行、原子力ロケットに乗っての宇宙旅行が当たり前になる。津波は完全に予知できるようになり、「何千人もの生命を奪うおそろしいものという印象をなくし、大洋をゆうゆうとして伝わる雄大な自然現象を思わせる言葉」になっている。

確かに小学館の新社屋は窓が非常に小さく、まるで要塞のようだとネット上では話題だが、ほとんどの予測は見事に外れている。

『21世紀への階段』からわかるのは、その時代の常識から抜け出すのがいかに難しいかということだ。本来は自由に思い描いてもいいはずの未来。しかし、『21世紀への階段』の執筆者たちは、当時ちょうど実用化されつつあった原子力発電=未来というイメージに縛られすぎてしまったのだろう。

中世日本でも『未来記』と呼ばれる予言の書が流行していたというが、誰が帝位を追われるとか、神様が日本を見限るとかいった話ばかりで、インターネットの誕生やスマートフォンの普及を予言していたわけではなかった。

最近の未来予測も、中世の『未来記』や『21世紀への階段』と大きな違いはない。人工知能が人類を追い抜くとか、ロボットが少子高齢化を解決するとか、自慢げに自説を披露する人々がいる。彼らは、未来を語るふりをしながら、今流行している「人工知能」などの新技術をプレゼンしているに過ぎない場合が多くある（具体的にいえば、自分の研究に予算をくれとか）。

　適当な未来予測に振り回されないためにはどうしたらいいのだろうか。まず、50年後や100年後の話は本気にしなくていい。結果が問われる前に彼ら自身が現役を退いている可能性が高いからだ。その意味で、実は10日後くらいの未来予測のほうが緊張する。結果がすぐジャッジされるからだ。

　小池百合子は立候補しない。タイミングよく北のミサイル実験があり、選挙では結局、自公が大勝ちする。未来のみなさん、どうでしょうか。

（2017・10・26）

この本を手に取った人はおそらく、「ユリノミクス」や「花粉症ゼロ」なんて覚えていないだろう。何せ書いた本人が思い出せないのだから。ちなみに自公の勝利、小池百合子は立候補しないまでは当たったものの、ミサイル実験はなかった。大抵の未来予測は、それ自体忘れ去られてしまうものらしい。

出版社は儲からないが読書は消えない

古くて新しい話題、図書館論争が盛り上がっている。一つのきっかけは、文藝春秋の社長による「図書館で文庫を貸し出すのは止めて欲しい」という異例の訴えだ。文藝春秋では売上の30％強を文庫が占める。しかし近年は文庫市場が低迷しており、図書館の存在が「少なからぬ影響」を与えているというのだ。

図書館が出版不況の一因だという議論は以前から存在する。たとえばある市の図書館では、又吉直樹さんの『火花』（文藝春秋）を合わせて30冊も所有していたという。その市だけでも何百人、何千人が同書を借りて読むことができたわけで、出版社から営業妨害だと言われても仕方がないように思える。事実、２０１０年には公共図書館の貸出数が書籍の販売冊数を上回った。

一方で、全く逆の動きも存在する。キングコングの西野亮廣さんが自著を全国５５０４の図書館に自腹で寄贈したというのだ。単純に考えれば、部数を下げそうな話。なぜこんなことをしたのか。西野さんによれば、「エンターテイメントは時間面積の陣取り合戦」だという。様々な娯楽が時間の奪い合いをする中、本というジャンル自体に興味を持ってもらう必要がある。かねて図書館は書籍の売上に貢献するという持論を持つ西野さんは、自著の寄贈を思い立ったという。

確かに図書館の存在が読書好きを増やし、次世代の消費者や作家を生み育ててきたのは事実だろう。もしこの世界から図書館が消えたら、お金がない子どもや学生が読書から遠ざかり、出版市場はさらに縮小してしまうかも知れない。

そもそも、出版不況の最大の原因は少子高齢化である。日本国内の書籍・雑誌の販売部数が最も多かったのは１９９６年だが、同年は小売業販売額のピークでもあった。音楽ＣＤの販売枚数や酒類販売量、水道使用量も１９９０年代後半から２０００年頃がピーク。その後、減少に転じている。

お金が自由に使える若者が減り、老後が心配な高齢者が増えれば本が売れなくなる。子どもでもわかる経済の道理だ。図書館が頑張り過ぎたことや、インターネットの普及が出版業界に与えた影響は、人口動態の変化による影響に比べれば、限定的と言えるだろう。

同時に言えるのは、文藝春秋の呼びかけも、西野さんの取り組みも、出版不況には焼け石に水ということだ。日本は海外に比べて出版マーケットが大きく、本がよく売れる国。これ以上、本が爆発的に流行するとは考えにくい（というか、本は1世紀以上、流行し続けているのだ）。

しかし悲観することはない。新しい読書のスタイルも広がっている。たとえば最近では、ｐｉｘｉｖがチャット形式で小説を読み進められるアプリを発表した。画面をタップするごとに会話が進み、まるでＬＩＮＥのような感覚で小説が読めるのだ。

いつか紙の本は消えるかも知れないが、読書という習慣自体は、何らかの形で残るのだろう（文藝春秋や新潮社は消えているかも知れないけど）。

（2017・11・2）

結局日本で、チャットノベルはあまり流行しなかった。ビジュアルノベルも同様だ。それだけマンガが強いということなのかも知れない。オンラインでの連載媒体が増えたこともあり、マンガ市場は引き続き好調である。

改元の効用

東京オリンピックの開会式まで1000日を切った。NHKや、オリンピック利権に何とか食い込みたい関係者などは異様な盛り上がりを見せているものの、世間ではオリンピックに対する熱がすっかり冷めてしまったようにも思える。

2013年に東京への招致が決定したものの、2015年には日本中を巻き込んだエンブレムと新国立競技場騒動が起こり、何だか気分はすでに祭りの後。もうオリンピックは終わったと言ったら信じてしまう人もいるのではないか。

しかも来年と再来年も、どこまでオリンピックが盛り上がるかわからない。大きなイベントが二つもすでに内定しているからだ。

一つは憲法改正。今回の選挙における自公の勝利によって、改憲議論が本格化するのは必至だ。

国民投票は国会で審議の上、両院それぞれの議員3分の2以上の賛成で発議が可決される。その後、国民投票運動期間を経て、投票が実施される。国会審議は安保法案を目安に考えると約4ヶ月、運動期間は最短60日だが、初めての改憲となると最長の180日が確保されるだろう。2018年の通常国会へ提出され、国民投票は年末か2019年になるのだろうか。

国会での改憲議論は、ぐだぐだになるだろう。だって、民主党の解党によって、正面から改憲に反対するのは、もはや共産党と社民党だけなのだ。立憲民主党も「安保法制を前提とした9条改悪に反対」と主張はするものの、党首の枝野幸男は過去に改憲私案を発表しており、自衛隊の存在はもちろん、集団的自衛権の行使まで容認している。

自民党としても、公明党の長老たちに配慮せざるを得ない手前、それほどエキセントリックな改憲を仕掛けてくるとは思えない（観測気球として若干やばい案を出して、それを引っ込めることはあるかも知れない）。おそらくその内容は枝野さんの改憲私案と似たものになるだろう。石原慎太郎元都知事に「本物の男」とまで評された枝野さんの言動が注目される。

そしてもう一つの大きなイベントは改元。一部報道によると、2019年4月改元説が有力だという。崩御による改元ではないため、世間はお祭りムードに包まれるだろう。即位の礼や大嘗祭はもちろん、公的機関の書類システムの修正など、改元には大きな費用がかかる。だが、大規模な土木工事を必要とするオリンピックに比べれば微々たるもの。しかも改元セールなど、それなりの経済効果も見込めそうだ。

その時になって僕たちは気付くのかも知れない。日本の雰囲気を変えるためにはオリンピックしかないと思っていたが、改元でいいんじゃないか、と。日本で一世一元の制が敷かれたのは明治から。昔は「亀を献上されたから」などカジュアルな理由で改元が実施されていた。21世紀の日本でも、少子高齢化や財政赤字から目を逸らすための改元が流行するかも知れない。少なくともオリンピックよりはコスパがいいと思う。

（2017・11・9）

平成は2019年4月30日をもって終わる。新元号は4月1日に発表だったが、エイプリルフールというのが笑ってしまう。

セックスは人間関係を良くする

『狂おしき真夏の一日』というオペラを観てきた。作曲・三枝成彰、台本・林真理子、演出・秋元康というビッグネームが関わった作品だ。

オペラはパリやウィーンで観たことはあるが、どれも爆睡した記憶しかない。だから今回も心配しながら劇場へと向かった。

ホールに足を踏み入れると、総理大臣をはじめ、錚々《そうそう》たるメンツからの、数え切れないほどの花が飾られていた（林真理子さんには出版各社からの花が飾ってあったが、なぜか新潮社からはなかったような）。開演前からすでに社交が始まっていて、着飾った婦人や殿方が談笑している。チケットはプラチナ席が5万円。いかにも上流階級の教養溢れた空間という雰囲気だ。

そして始まった本編。鎌倉の洋館で起こった、ある一族の人間模様を描いた作品だ。どんな哲学的で重厚な物語が始まるのかと思ったら、アバンチュールに次ぐアバンチュール。そして「医学で鍛えた私の指は、やわらかくよくしなり、そして長くてよく動くんだ」といったように下ネタのオンパレードだ。この劇を、盛装した貴婦人たちが神妙な顔で見ている様子は、なかなかにシュールである。

そもそも、オペラは不倫からスワッピングまで、下世話な物語がとにかく多い。『狂おしき真夏の一日』がオマージュする『フィガロの結婚』は何重もの不倫が重なった喜劇。難解なイメージとは裏腹に、本来は取っつきやすいエンターテインメントのはずなのだ。

『狂おしき真夏の一日』は、セックス賛歌の物語であった。劇中に起こる様々な問題が、ことごとくセックスによって解決していくのである。真理だと思う。世のカップルたちは、互いの不満やすれ違いをセックスで解消している。ちょっとしたトラブルなら、まず間違いなくセックスでうやむやにすることができる。

逆に、セックスをしないカップルが長続きすることは難しい。言葉と言葉のコミュニケーションに依存するほど、二人の関係は理性的になっていく。その意味で「恋人」という存在からはどうしても遠のいてしまうし、不仲になったときは、言葉と言葉でどこまでもぶつかり合ってしまう。

近頃、セックスを忌避する若者が増えているという。テレビで「体液の交換が嫌い」

と言って大人を驚かせた人物もいた（誰でしょうね）。

だから、セックス一つで、ここまで人間関係が円滑になることを、社会はもっとアピールすべきではないのか。リバイバル公演があるとしたら、積極的に子どもたちにこの作品を見せるべきだと思う。セックスが希望だと伝えることは、子どもにとって非常に有益だ。

一緒に劇を見ていたさる高名な女性も、性の「陰湿で悪いもの」というイメージを、「明るく神聖なもの」に変えていきたいと言っていた。確かに、太古の昔からセックスは聖のシンボルであった。ちなみにその女性は、オペラが終わるとすぐ、そそくさと家に帰って行った。彼女が帰宅後、パートナーとの間で何があったのかは、誰も知らない。

（２０１７・11・16）

三枝成彰さんは『狂おしき真夏の一日』を人生最後のオペラにすると言っていたが、最近はまた新作に取りかかっているという。セックスに限らず、欲望を持つことは人生を豊かにしてくれるのだ。

第二章　意外と悪くありません

テレビは意外と面白い

パナソニックの小型防水テレビを買った。家の中であれば、どこでも持ち運んで視聴できる。結果、ちょっとした時間にテレビを観る習慣ができた。洗面所で顔を洗う時、湯船につかる時など、つい電源を入れてしまう。そして今さらながら気付いた。テレビは意外と面白い、と。

ここのところ「テレビ＝時代遅れのメディア」という議論が流行している。たとえば2017年11月頭にAbemaTVで、SMAPの元メンバーによる72時間テレビが放映された。AbemaTVはスマホやパソコンがあれば、無料で視聴できるネットテレビ局。今回の72時間テレビでは、合計視聴数が7400万に達した。

僕のまわりでは、テレビ局に勤める友人がのきなみショックを受けていた。「地上波ではできない企画ばかり」「テレビの時代がついに終わった」といった具合だ。3日間ぶっ続けという長尺、元メンバーの森くんの登場など、確かに地上波では実現できなかった番組ではある。

しかし、72時間テレビの成果を見て「これからはネットテレビの時代だ」と思うのは早計である。

テレビが持つ最大の武器はＣＭ制度だ。企業のスポンサー費用によって、視聴料を支払うことなく番組を楽しむことができる。だが、これはテレビが完全無料であることを意味しない。そもそも企業の商品を買っているのは我々消費者のわけで、実際には商品代に広告費が上乗せされているわけだ。

一方のネットテレビには、確立された課金制度がない。ＡｂｅｍａＴＶの場合、リアルタイム視聴は無料、過去番組を観るのは有料という方式だが、その会員数はそれほどでもない。しかも72時間テレビでさえ、企業ＣＭは多くなかった。

現状は、運営会社が本業で儲けたお金をＡｂｅｍａＴＶに投資しているという状態だ。1年で２００億円の赤字だという。

テレビの視聴率が下がっているのは、決して番組の質が下がったからではない。日テレの人気番組『世界の果てまでイッテＱ！』は、ＹｏｕＴｕｂｅでも人気のコンテンツ「やってみた」の豪華版である。大人が真面目に数千万円かけて作った番組は、なんだかんだ面白い（もちろん、金をどぶに捨てているような番組もある）。

テレビの視聴者が減った一番の理由は、お茶の間に鎮座するテレビと時代が合わなくなったから。それでも紅白歌合戦など数千万人が視聴する番組が今でもある。72時間テレビの視聴数も累計でカウントしているだけであって、視聴率に換算すると数％程度だろう。

ＮＨＫは、地上波と同じ番組をネットでも視聴できる常時同時配信の２０１９年開始を目指している。地方局との兼ね合いで民放が追従するかどうかは不明だが、全てのテレビ番組がネットで観られるようになった日には、若い世代もテレビの力を見直すことになるだろう。

なんて書いてきたが、『週刊新潮』世代には、テレビが面白いなんて自明のことでしたね。媒体特性を一番わかっていなかったのは僕自身だった。

（２０１７・11・23）

テレビに出演して驚くのは、お金のかかり方。「本当にカメラ何台もいります？」「そんなに撮影する必要ありますか？」「こんな立派な台本必要ですか？」と、突っ込み続けたくなる。何だかんだ言って、テレビはまだバブルの中にいる。

読解力より文章力を磨いたらどうか

珍しく新聞を読んでいたら「中高生の読解力がピンチ」という記事が目に留まった。国立情報学研究所の調査によって、基本的な日本語読み取り能力のない子どもが多くいることがわかったのだという。

調査の名前は「リーディングスキルテスト」。教科書や新聞記事から抜粋した文章を読んでもらい、選択肢から正解を選ばせるという、いわゆる文章題だ。

たとえば問題はこんな具合。「メジャーリーグの選手のうち28%はアメリカ合衆国以外の出身の選手であるが、その出身国を見ると、ドミニカ共和国が最も多くおよそ35%である」(出典は帝国書院の教科書『中学生の地理』)。

この文章を読んで、メジャーリーグ選手の出身国内訳を示す正しい円グラフを選ぶという形式だ。正答率は中学生で12%、高校生でも28%だったという。多くの子どもが「選手の72%がアメリカ出身」ということを読み取れなかったらしい。

このような結果を受けて、記事では「読解力がピンチ」と煽《あお》るのだが、上の文章、一読したただけで意味がわかりましたか？

はっきり言って、悪文だと思う。一文の中に「選手」という言葉が2回も出てきて文章が全く整理されていない。さらに、「28％」と「35％」が何に対する割合なのかもわかりにくい。

同じことを伝えたい場合、僕だったら次のように書くと思う。「メジャーリーグ選手のうち、アメリカ合衆国出身者が72％なのに対して、外国出身者は28％である。その内訳はドミニカ共和国が最も多く約35％だ。つまり全選手のうち、およそ9・8％がドミニカ出身ということになる」。

完全に自画自賛なのだが、こちらのほうがわかりやすいと思う。そんなことを、新聞記事へのリンクと共にツイッターに書いたら、「それではテストにならない」というコメントが何人かから寄せられた。

確かにあえて難文を読ませ、読解力を問うテストがあってもいいと思う。しかし、先ほどのメジャーリーグに関する文章は、中学生向けの地理の教科書からの引用なのだ。わざと難解な文章を書く必要が全くない媒体である。

その意味で、「リーディングスキルテスト」の正答率が低いことで責められるべきなのは、中高生の読解力ではなく、大人たちの文章力だと思う。主語と述語の関係が明確で、論理的な文章であれば、誤解の余地など生まれようがない。特に教科書や行政文書、マニュアルなどは、そのような平易な文章で書かれるべきだ（僕のツイッターへの的外れな批判も、僕の書き方が悪かったと思うことにする）。

もっとも、世の中には意図的に難解に書かれた「霞ヶ関文学」や、こっそり世論を誘導しようとする新聞記事も多く存在する。それを読み解く訓練は、子どもにも必須かも知れない。

『週刊新潮』読者におすすめなのは、三浦瑠麗さんの連載を読むこと。独特の文学的表現に紛れて、時折どぎつい主張がなされている。文体や語り口に惑わされない訓練になると思う。

（2017・11・30）

『週刊新潮』での三浦瑠麗さんの連載は終わってしまったが、彼女の活躍は続いている。僕の見立てでは、彼女は、安藤優子さんの後釜を狙っているのではないか（櫻井よしこさんではなく）。三浦さんが、夕方の帯番組の顔になる日が来ても驚かない。

「疑似的な出自」を気にする社会

この国の人々は昔から出自を気にしてきた。伝存する最古の正史『日本書紀』でだらだらと描かれるのも、皇族や貴族の出自にまつわる物語だ。自分たちの先祖が位の高い神様だったと主張することで、権力の正統性を訴えたわけだ。

しかし近代化の過程で身分制度は徐々に解体され、１９４７年には華族や士族といった族称も消えた。現在の日本国憲法14条では、出自による差別が明確に禁止されている。つまり、日本国籍を持つ限り、仮に死刑囚の子どもとして生まれても、総理大臣になれる可能性があるということだ。

近代社会の原則の一つは、「生まれる前のことに関してとやかく言わない」。髪の色が赤いとか、生まれが田舎だとか、親が犯罪者だとか、そんなことよりも、本人の能力だけを見ようというのが、この社会だ。

しかし人の行動原理は急には変わらないもの。出自による差別が完全に消えたわけではない。家柄に対する憧れも根強い。たとえば、政治の世界では、世襲の人が愛される。

「政界のサラブレッド」という言葉が当たり前に使われているが、「サラブレッド」とは優良種のこと。血統や家柄だけでその人を判断しようとしているわけで、政治家本人はどんな気分なんでしょう。

もっとも、露骨な「血の差別」は、歌舞伎など一部の世界を残して消えつつある。代わりに幅をきかせているのは、擬似的な出自の理屈だ。

たとえば「三代目J SOUL BROTHERS from EXILE TRIBE」という人気音楽グループがいる。彼らは誰からも聞かれていないのに、自分たちが1999年に結成された初代「J SOUL BROTHERS」の末裔であり、さらに「EXILE TRIBE」の一員であることを名乗っているのだ。

「TRIBE」とは部族のことだが、うまいやり方だと思う。「○代目」と「部族」という概念が、彼らの身元保証になっているのだ。

考えてみれば、ジャニーズや宝塚というのも部族のようなものだ。ジャニーズや宝塚がお墨付きを与えたという時点で、どんな新人のデビューにも、ファンの注目が自動的に集まる。しかも、退団後も「元宝塚」などという肩書きが一生ついてまわるのだから、もはや前近代の「出自」と何も変わりがない。

よく聞く「○○さんの紹介」というのも出自の原則に近い。「彼は井上さんに紹介された人だから大丈夫だろう」とか「彼女は中瀬さんの紹介だから要注意」とかいうように、ビジネスの場における紹介者が、身元保証人として機能するのだ。

知り合いのクリエイターがある大物政治家から嫌われているのだが、その理由は「あの大臣の紹介だから」の一点だけ。その大臣と険悪になってから、同時にそのクリエイターに対する信頼度も落ちたのだという。

この擬似的な出自差別は根強くこの国に残っていくのだろう。それともいつか、人工知能が人間にお墨付きを与えてくれるような時代が来るのだろうか。それはそれで地獄だなあ。

（2017・12・7）

このエッセイを書いたすぐ後、小泉進次郎さんから共感したという趣旨のメールをもらった。確かに未だに多くの人は、彼を「サラブレッド」としか見ていない。

天才は大衆に支持されてこそ

東京国立博物館で開催されていた運慶展へ行ってきた。会期途中から注目していたのだが、何せ連日、長蛇の列だという。「仏像なんて奈良でいくらでも見られるでしょ」と思っていたが、友人と顔を出してみた。

第一印象は、まるで鳥山明の絵のようだということ。写実とデフォルメのバランスが上手で、漫画の絵のような感覚で仏像を鑑賞できるのだ。国宝の重源上人坐像なんて、偏屈なじじいっぷりが見事に表現されている(銘記はないが運慶作と考えて間違いないと思う)。

運慶は、平安時代から鎌倉時代の転換期に活躍したクリエイターだ。本拠地は奈良にありながらも、鎌倉の武士からの依頼もバンバン受けている。鎌倉幕府とは、農業中心の荘園制度を維持しようとした田舎侍の集団。当時の田舎者も、運慶の価値をわかったのだ。

運慶がすごいのはここである。西の貴族からも、東の武士からも評価されているのだ。

その意味で、鳥山明という見立ては、あながち間違いではないのだろう。『週刊少年ジャンプ』作品は、エリートもヤンキーも大好きだ。

運慶作品は、ともすれば下品とも形容できる。過剰にデフォルメされた仏は、馴染みやすい分だけ、威厳が足りないようにも見える。だけどそれが、800年近く過ぎてもなお彼が人気の秘密と言えるかも知れない。

展示は二部屋に分かれ、前半は運慶作品が中心で、後半には子どもや弟子の作品が多かった。仏像の知識がまるでない僕でも、不思議と運慶作品の見分けはついた。後半は、まるで同人誌に載っている漫画みたいな「似ているけど違う」タッチの仏像が多かった。

ふと考えたのは天才とは何だろうということ。運慶や鳥山明を天才と称する人は多い。しかも一人、二人ではない。時代を超えて、膨大な数の人が、彼らを褒め称えている。

しかし、凡人が本当に天才を理解することなんてできるのだろうか。もしくは、凡人に理解できる者だけが天才と呼ばれるのだろうか。

少なくとも社会的に評価される「天才」は、大衆にも理解可能である必要がある。自分しか理解者がいない自称天才は、通常「奇人」や「変人」と呼ばれる。

しかし古今東西の宝物やヒット作品を見ると、大衆の審美眼は決して狂っているとは思えない。

逆にいえば、いくらお金をかけて宣伝をしたり、権威ある者が評価したところで、大衆の目はごまかせないということ。最近では映画版『ジョジョの奇妙な冒険』（2017年）の大コケがいい例だ。自分の作品がヒットしないからといって大衆を軽蔑するクリエイターがいるが、運慶を見習って欲しい。

さて、このエッセイを読んで興味を持った人には申し訳ないが、運慶展の会期はとっくに終了している。さらに仏像は全国に散らばっている。重源上人坐像なんて、東大寺で年に二度しか開扉されない。人気の八大童子立像も高野山で限定公開。運慶展に行列ができるのには理由があったのだ。やはり大衆はあなどれない。

（2017・12・14）

権威におもねり重鎮の評価を取りにいくか。それとも大衆から支持されることを狙うのか。いつの時代もクリエイターの頭を悩ます問題なのだろう。

タイアップは侮れない

中島みゆきに「糸」という曲がある。ミスチルの櫻井和寿がBank Bandとしてカバーしたことで有名だ。男女の出会いを「縦の糸」と「横の糸」に喩えたこの歌は、結婚式の定番ソングでもある。

事実、「糸」は結婚式のために作られた歌だ。しかしテレビドラマやCMのための曲ではない。この曲は、1992年4月2日に執り行われたある二人の結婚式のためだけに中島が作詞作曲し、式では新郎の父の歌唱によって披露された。

さすがに実際の結婚式のためというのは珍しいが、中島みゆきにはタイアップ発のヒットソングが非常に多い。『家なき子』の主題歌「空と君のあいだに」は、劇中の犬目線で歌われた曲。紅白でも歌われた「地上の星」はNHK『プロジェクトX』主題歌。日本経済を支えた無名の英雄たちを「地上の星」に喩えた。そして朝ドラ『マッサン』の主題歌は「麦の唄」。ウィスキー酒造の物語だから「麦」というわけだ。

中島みゆきといえば、孤高の歌姫というイメージがある。しかし実際は、非常にサービス精神の旺盛な人なのだと思う。並みの歌手なら見栄を張ってしまって、「麦の唄」なんていう直球タイトルは絶対に採用できない。その意味で、中島みゆきのことを「タイアップの女王」と呼びたい。

タイアップと言えば、1990年代にヒットしたEvery Little Thingも中々すごい。「Dear My Friend」という初期のヒットソングでは、サビで高らかに「いつか最高の自分に生まれ変われる日が来るよ」と歌われる。ここで問題です。何のタイアップソングでしょう。答えはスリムビューティハウス。エステで「最高の自分」に生まれ変わろうというわけだ。

他にもサビが「潤してほしい　この熱い身体」の「For the moment」は、森永アイスボックスのCMソングだったり、完全にタイアップ先の要望に応えた上で、曲を大ヒットさせているのだ。

同時期に一世を風靡した小室哲哉プロデュース楽曲も、globe「DEPARTURES」は「JR Ski Ski」のCMソングだし、安室奈美恵「CAN YOU CELEBRATE?」もドラマ『バージンロード』の主題歌。極めて具体的な目的のために制作された曲なのだ。

特殊な出来事をモチーフにした作品が、普遍性を持つということは、歌に限らず、小説や評論でもあり得ることだ。たとえば小説家の北方謙三も、「いつもたった一人の読者に向けて小説を書いている」とインタビューで応えている。

ここでふと思う。このエッセイは誰のために書いているのだろう、と。原稿を書いた後、メールを編集部に送るのだが、送信欄には4人の編集者の名前が入っている。彼らはよく感想を送ってくれるので、このエッセイを書くときも、つい顔を思い浮かべてしまうことがある。この連載のタイトルも、「誰の味方でもありません」から「編集者の味方です」に改名したほうがいいのかも知れない。

（2017・12・21）

「糸」の事実関係を確かめるために、奈良県の、とある大学図書館まで行って新聞アーカイブをあさってきた。この本の中で、最も取材費がかかっている原稿である。

何にでも証拠を求めないでほしい

『文藝春秋』の創刊95周年記念号が面白かった。

中でも印象深かったのは、作家の佐藤愛子さんによる寄稿「あの日のお月さま」。94歳（当時）になる佐藤さんが振り返るのは、直木賞を獲得した1969年7月のこと。記者会見を終えて新橋駅で空を見上げると、「高いビルの上に絵に描いたようなまん丸い黄色い月が浮かんでいた」という。そして編集者と「あのお月さまに向って今、アポロは飛んでるのね」という会話を交わしたという。佐藤さんはこうも書く。「そのまん丸の月の姿は今でも私の目に浮かぶ」。

文句なしにいい話だ。しかし問題はここからである。それを書いたエッセイを発表した後、その日は満月のはずがないという指摘を受けたというのだ。佐藤さんは反論したものの、釈然としない。しかし今年になって、ほぼ同じタイミングで月を見上げたという読者から手紙をもらった。その人は浜名湖サービスエリアで「丸く輝いた月」を見たといい、佐藤さんは「百年の知己を得た思い」だという。

野暮だと思いながら、僕も当時のことを調べてみた。当時の『読売新聞』によれば、確かに1969年7月18日午後6時から築地の新喜楽で賞の選考会が開催されている。記者会見は新橋第一ホテルで行われたはずだ。

月齢カレンダーによれば当日は月齢3・5の見事な三日月。ひいき目に見ても満月とは呼べそうもない。

数日後になるが、7月21日の『読売新聞』には、地上から撮影された月の写真が掲載されている。「三日月」というキャプションがつき、やはり満月には見えない。月が満ち、満月になるのは7月29日で、アポロの乗務員はとっくに帰還した後だ。念のため直木賞の授賞式が開催された8月8日も確認したが、その日も三日月だったようだ。

それにしても、その日が満月だったか、三日月だったかで議論ができるとは、なんてロマンチックなのだろう。もし今、アポロのような計画が実施されれば、世界中で膨大な数の写真が撮影され、SNSに投稿されるはずだ。圧倒的な証拠の前に、もはや月の形なんて議論にさえなり得ない。

2017年にリメイクされた『打ち上げ花火、下から見るか？横から見るか？』という映画があるが、オリジナル版のドラマが発表された1993年はインターネットが普及する前。登場人物が交わす「花火を下や横から見た場合、どのような形になるのか」という議論には面白みがあった。しかし今、そんなことを知りたければ動画検索でもすれば一発でわかる（ぜひ試してみて下さい）。

僕たちは今、全ての出来事が記録されるアーカイブの時代に生きている。幻想を信じるのも、噓をつくのも難しい。すぐに「エビデンス」が突きつけられてしまうからだ。

だからこそ、佐藤さんのような立場は尊い。『文藝春秋』には、他にも高齢論客の放言が満載だが、彼らには証拠や記録に囚われない豪快さがある。「芥川賞は私のおかげで有名になった」と述べる石原慎太郎さんなど、さすがである。彼らほど自由な論客は再び現れるのだろうか。

（2017・12・28）

今は、何か大胆なことを言うと、すぐさま「エビデンス警察」に逮捕される時代である。しかしその「エビデンス」も、よく検証してみると、いくつもの条件の上に成立した暫定的な「答え」であることがほとんど。警察発表を鵜呑みにするのは危険だ。

ほとんどの社会的不安は解決可能である

2018年1月1日23時30分からEテレで放送される『ニッポンのジレンマ』の収録があった。テーマは「『根拠なき不安』を越えて」。経産省若手官僚のレポート「不安な個人、立ちすくむ国家」が注目を浴びたり、確かに「不安」は世相を反映する一つのキーワードなのかも知れない。

僕の個人的な不安といえば、「寿命と身体の年齢が一致しなかったらどうしよう」。かつて平均寿命が短かった時代は、寝たきりになったら、人はすぐに死んだ。褥瘡《じょくそう》ができて、そこから雑菌が入って感染症に罹ってしまうからだ。

しかし今や、命だけを延ばすのはそれほど難しいことではない。自分でご飯を飲み込めなくなっても、点滴や胃瘻《いろう》の力を借りれば栄養補給には何の問題もない。

人生100年時代というが、それが「最後の30年寝たきり時代」だとすれば、ディストピア以外の何物でもない。果たして自分は命が尽きる日まで、きちんと記憶力を保てるだろうか。視力を失わずにいられるだろうか。聴力は？　歩行能力は？

2年ほど前、当時87歳の祖母と、生まれたばかりの甥たちと一緒に家族旅行に行ったことがあるのだが、人間が器具の頼りなしに歩ける期間は、有限であることを思い知らされた。

逆に言えば、僕には身体以外の不安はそれほどない。なぜならば、ほとんどの不安と思われているものは、思考と行動によって解決できるからだ。

たとえば老後のお金が心配という人がいる。貯金があるに越したことはないが、この国には生活保護という仕組みがある。言葉のイメージは悪いが、みんなで税金を出し合うことによって成立しているシステムであって、発想としては保険に似ている。税金という掛け金を払っているのだから、生活保護をもらうことは本来恥ずかしいことでも何でもない。日本では年間、数十人は餓えで命を落とす人もいる。それは福祉が見放したというよりも、本人のプライドで福祉に頼れなかったというケースも多いのだろう。

この国はこれからどんどん貧乏にはなっていくが、餓死者やストリートチルドレンがあふれる時代は、当分の間は訪れそうにない。最悪フランスや北欧レベルに増税すれば、社会保障も今に近い水準で維持可能だ。

これはほんの一例だが、ほとんどの社会的不安は、実は解決可能なのだと思う。より難しいのは、家族や近所の人間関係といった血縁や地縁に由来する問題。まあ、これも絶縁という手段がある。不安に対して「最悪の場合」を考えると、実はそれくらい許容範囲内という場合が少なくない。

だけど健康だけは、自分ではどうにもできない場合が多すぎる。適度な運動や摂生は、するに越したことはないが、生涯の健康が約束されるわけではない。遺伝の問題もあり、死ぬ日まで健康でいるのは難しい。

ただし身体の中でも歯は、自己管理できる可能性が高い。チョコの食べ過ぎで虫歯だらけの僕は、健康のことを心配するのなら、まず夜中のチョコをやめるべきなのだろう。

（2018・1・4／11）

社会的不安とは、要するにお金で解決できる問題。しかし国家財政がいくら豊かでも、人間関係の悩みまで解消するのは難しい。結局、嫉妬や憎しみ、悲しみといった不安は、自分でどうにかするしかないのだ。

総理に直接聞いてみた

ネット上で、田崎スシローと呼ばれている人がいる。政治評論家の田崎史郎さんのことだ。なぜスシローなのか。それは安倍首相との会食時に寿司をおごられたらしいから。それ以来、「田崎は官邸の手先だ」という意味で「スシロー」と揶揄されているわけだ。

首相動静を確認すると、確かに田崎さんは定期的に安倍首相と会食の機会がある。しかし必ずしも寿司ではなく、彼以外にもマスコミ関係者が参加している。おごりかどうかも不明だ。

田崎さんがスシロー呼ばわりされるたび、そのネーミングに笑いながら、気の毒にも思っていた。寿司をおごるくらいでみんなが味方になってくれるなら、マスコミは政権批判なんてしていないはずだ（万が一、自分が権力者になったら、国民に寿司を配給する制度を作りたいと思う）。

別に田崎さんの擁護をしたいわけではない。寿司効果は不明だが、田崎さんに官邸の意を汲んだ発言が多いのは事実だ。

なぜこんなことを書いたかというと、僕も権力の犬呼ばわりされたから。12月半ばのことだが、ダウンタウンの松本人志さん、お笑い芸人の東野幸治さん、HKT48の指原莉乃さん、そして安倍首相らと焼肉を食べる機会があった。

この食事が首相動静で記事になると、松本さんの政治家転身が囁かれたり、一部で話題になった。しかし実はこの焼肉会、安倍さんが『ワイドナショー』という番組にゲスト出演したときに約束したものが、延び延びになっていただけ。

話の内容も、他愛のないことばかりだった。松居一代騒動のことや大相撲問題など、世間の忘年会と何一つ変わりがない。皇室との確執や北朝鮮問題をぶっ込んでみたが、さすがはプロ、絶妙にかわされてしまった。

それにしても、誰かと食事をしただけで批判されるなんて。政権に批判的なことは、何一つ問題がない。僕自身、夫婦別姓や同性婚さえ中々認めない自民党の古さには辟易《へきえき》している。

だけど「権力者とは会うな、話をするな」はいただけない。気にくわない政治家を悪魔のように扱い、対話を拒絶する人がリベラルを名乗るのはおかしい。暴力革命でもしたいのかな。

せめて、首相動静にも店名が出ている焼肉屋のことをきちんと調べて欲しかった。龍月園は韓国人もたくさん働くお店。韓国との国交断絶を主張するネット右翼が怒るならわかるが、リベラルなら首相がきちんと韓国文化を受け入れていることを評価すべきだろう。

僕はこの食事で、一つ安倍さんに確かめたいことがあった。政治記者から聞いた話だ。森友騒動で安倍昭恵さんが批判の矢面に立っていた時。首相はぼそっと「愛しているんだから仕方ないじゃないか」とこぼしたらしい。答弁でもなく、本当に独り言のようだったと目撃者は語っていた。

この話は果たして真実なのか。「いい話なので、ぜひ昭恵に伝えておいて下さい」と言われて煙に巻かれてしまった。権力の犬だという意識はないが、僕には確かに〝池上彰〟力が足りない。

（2018・1・18）

こんなことを書くとまた「スシロー」と言われそうだが、国のトップである「総理」は対外的には間違いなく「偉い」のだから、彼が偉そうに見えるのは仕方ないと思う。しかしそれではダメだというのだから、民主主義国家のトップは大変だ。

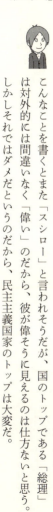

成功者にはなりたくない

映画プロデューサーの川村元気が絶好調だ。2016年には映画『君の名は。』大ヒットの立役者として名を馳せたが、『悪人』や『告白』などヒット作は数知れない。活躍は映画プロデュース業に留まらない。2018年公開の映画『ドラえもん のび太の宝島』の脚本を務めたり、2020年東京オリンピックの開閉会式の演出を担当する「4式典総合プランニングチーム」にも選ばれた。さらに『文藝春秋』で本格派ぶった小説まで連載する。その活躍ぶりは、「元気が活躍するほど、周囲が元気を失くす」と陰口をたたかれるほど。内心、彼を快く思わない業界人もいるのだろう。

だけど彼の悪口を吐く人に聞きたいのは、「あなたは川村元気になりたいか?」ということ。多作のヒットメーカーということは、仕事量も膨大なことを意味する。彼は毎日、会議を繰り返し、現場に詰め、そして執筆にも勤しんでいる。

僕は絶対に川村元気にはなりたくない。あんな風に働くくらいなら、仕事量をセーブして、人狼ゲームをしたり、適当に旅をしたり、のんびりと暮らしたい。

別に川村元気のことは本当にどうでもいい（擁護してもいいことないし）。言いたいのは、「頑張っていない成功者は、ほとんどいない」ということ。

たとえば『とくダネ！』で司会を務める小倉智昭さんは、どんなに深酒をしても朝3時には起きて、前日夜や当日朝のニュースをくまなくチェックするという。その生活をもう20年近く続けている。作詞家の秋元康さんは、会食の後でも、帰宅してから家族も立ち入れない自室にこもって、詞の執筆に集中すると聞いた。

こういったエピソードは、もう本当に無限に並べていくことができる。音楽家の三枝成彰さんから聞いた言葉がある。彼曰く、成功に必要なのは努力。まれに変態的に一つのことを繰り返せる天才も存在するが、凡人たちは努力でトライ&エラーを繰り返すことでしか成功はあり得ないという。

僕も、「その仕事したかったな」とか「それくらいお金があればな」と、誰かをうらやむ瞬間はある。そんな時は冷静に「じゃあ、その人になりたいか」と考えてみることにしている。ほとんどの場合、答えはNO。

成功者はスポットライトの当たる瞬間ばかりが注目されがちだが、彼らには彼らなりの努力と悩みがある。

たまに実力以上の評価を受けているように見える人がいる。だけど彼らも、見えない努力をしている場合が多いと思う。僕の知るある文筆家も、大して文章は面白くないが、自分を売り込む努力は惜しまない。

かつて長者番付が公開されていた頃の話だ。あるテレビ局員は、人気芸能人に対して、番付公開のタイミングだけは自分がどれほど頑張っているかをアピールしろとアドバイスしていたらしい。そうでないと、芸能人の努力は認識されにくく、嫉妬されるからだ。炎上しがちな僕も、努力アピールをしたら世間の見方が変わるかも知れない。だけど実際、まだ本気は出してないんだよなあ。

（2018・1・25）

『北斗の拳』や『サンクチュアリ』の原作者で有名な武論尊さんも「俺はまだ本気を出していない」と言っていた。他人から見れば努力に思えることでも、好きで自然にできてしまうから苦にならない。自分にとってそれが何かを探すのは、とても大切だ。

パーティー嫌いがパーティーを開く理由

33歳になった。この数年、誕生日は、自分主催のパーティーを開くようにしている。なぜならこれが一番ストレスがかからず、効率的だという結論に達したから。

僕はパーティーに出かけるのはあまり好きではない。だって、勇んで会場に乗り込んだところで、大抵は知らない人ばかり。辛うじて面識のある人を見つけて、大して弾まない会話で時間をつぶしたという経験は、一度や二度ではない。

しかしここは発想の転換である。自分でパーティーを主催してしまえば、会場にいるほぼ全員が知り合いということになる。だから誰と話をしても話題は尽きないし、簡単に盛り上がることができる。パーティーの間中、一切疎外感を抱く心配がないのだ。

誰かを紹介する場合にも効率的だ。通常、第三者を引き合わせる場合、打ち合わせや会食の設定が一般的だろう。しかしこれ、時間がかかるわりには、大して盛り上がらないことも多い。それがパーティーだと一度に何人もの人を紹介することができる。そこで話が合えばあらためて会ってもらえばいい。

また、個人的に会うのは面倒だが、集団でなら会っておきたいという人もいる（誰とは言わない）。少人数の食事をするのは気乗りしない人をまとめてパーティーに呼んでしまえばいいのだ。

さらに嬉しいおまけがある。パーティーダイエットと呼んでいるのだが、一晩で確実に体重減少が見込める。一応ホストなので、手持ちぶさたの人がいたら誰かを紹介したりと、何かと忙しい。結果、食事をする時間がほとんどないので、自然と痩せてしまうのだ。

そんなわけで、人見知りほど進んでパーティーを主催すべきだというのが持論なのだが、もちろん難しさもある。

たとえば誰を呼び、誰を呼ばないかを決めるのが意外と面倒。規模が大きくなるほど、反目しあう組み合わせも増えるし、呼ばなきゃ呼ばないで拗ねる人もいる（大人なのにね）。この分だと結婚式はどうなるのだろうと今から心配だ（結婚自体の予定は一切ないけど）。

今やＳＮＳで何もかもが共有されてしまう時代だ。うっかり誰が来たのかがバレてしまうことがある。

何年か前の誕生日会の時のことだ。友人がフェイスブックにアップした写真の中に、オリンピックのエンブレム騒動に巻き込まれていたデザイナーの佐野研二郎さんが写り込んでいて、まんまと『週刊文春』の記事にされてしまったことがある（別にそれほど悪意ある内容ではなかったけど）。

今年も、ある芸術家が、若いアーティストを家まで送るという名目でお持ち帰りしたり（本人同士は否定）、既婚の文筆家同士が夜の街に消えたりという、微笑ましいエピソードがあった。

と、ここまで書いて気付いたが、このエッセイを読んで「なんで私はパーティーに呼ばれてないんだ」と怒る人がいるかも知れない。そんなに僕の誕生日をお祝いしたいのだったら、プレゼントはいつでもお待ちしています。

（2018・2・1）

たまにパーティーが面倒になる時もある。だが人間関係を維持するために、パーティーは圧倒的に効率がいい。長年流行しているものには、やはり理由があるのだ。

小室哲哉さんを待ち続ける

小室哲哉さんに安室奈美恵さん。最近、引退にまつわるニュースが多い。

一般に、役職や地位から退くことを「引退」という。しかし歌手や音楽家は、本当に引退なんてすることができるのだろうか。

アーティストとは文字通り、芸術品を作る人々のことだ。仮に生身の人間として歌手や創作活動をやめても、曲自体が消えてしまうわけではない。

安室さんや小室さんの不在を「アムロス」「コムロス」と嘆くことがある。「ロス」とは喪失の意味。しかし、ロスと言っている人にまず問いたいことがある。あなたは、本当に彼らの曲を全て聴いたのか、と。

僕自身、小室楽曲の相当なファンだと思うが、最近になって入手した音源も多い。たとえば1995年に「エイベックス・ダンス・マトリックス」というフェスが開催されているのだが、そのライブCDが発売されていたのだ。そこではｇｌｏｂｅや安室さんの若々しい歌声を聴くことができる。

今でも『源氏物語』の愛読者は多いが、彼らは決して「紫式部ロス」なんてことを言わない。紫式部は約1000年も前にこの世を去っているからだ。それにもかかわらず、『源氏物語』には新解釈や新訳が次々と誕生し、読者を増やしている。

同じく、小室さんや安室さんのファンは、たとえ彼らが活動をやめてからも増えていくだろう。その意味で、彼らは100年でも1000年でも、作品が残る限り「引退」などできないのだ。

もちろん、生身の人間としての引退も、一生継続する必要なんてない。人生100年時代と言われる現代、前言撤回はむしろ積極的に推奨されるべきだ。時代や環境の変化と共に、最適解は変わるもの。ある時点での決断が、1年後、10年後にも正しいとは限らない。

それにしても、小室さんの引退会見は衝撃的だった。僕の印象にある小室さんは、過去の栄光に満足せず、いつも次なる大ブレイクを目指していた人。隠居感はゼロだった。だから、どうして小室さんが引退を宣言したのか、にわかにはわからなかった。わかったのは、小室さんが圧倒的に孤独だったということくらい。

会見後は、小室さんの介護疲れが話題になった。妻のＫＥＩＫＯさんは、２０１１年にくも膜下出血で倒れ、それ以来高次脳機能障害に苦しむ。僕はこの数年間、小室さんと個人的に何度も会ってきたが、記憶では、小室さんはＫＥＩＫＯさんを「障害者」扱いしたことは一度もない。「介護」という表現さえ聞いたことがない。いつも愛しい娘のことを語るように、ＫＥＩＫＯさんの話をしていた。

客観的に見れば大変な苦労を、あまり周囲には吐露していなかったように思う。そして僕を含めた周囲にいる人間も、小室さんの孤独をどうにもできなかった。

音楽家にはアンコールがつきものだ。引退を決めた小室さんが、恥ずかしそうにひょっこりステージに戻ってくる日を待っている。１年でも、５年でも、10年でも。

（２０１８・２・８）

引退後、小室さんには何度か会った。そして一度は、ピアノを弾く小室さんに立ち会うことができた。その姿を見た誰もが、彼が本当に音楽好きなのだと感じたに違いない。今は、音楽以外のいくつかの創作活動に取り組んでいるらしい。

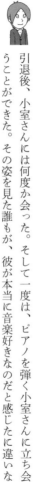

文字には記録されないものがある

大分から鹿児島へ向かう列車の中でこの原稿を書いている（なんと4時間もかかる）。大分での用事は「エンジン01（ゼロワン）」。文化人のコミュニティで、年に一度、オープンカレッジと題して、地方でイベントを開催しているのだ。ミニ講演会やトークショーが一日に100くらい開かれる。幹事長の林真理子さんはもちろん、『週刊新潮』ではおなじみの乙武洋匡さんやホリエモンなど150人が講師として集まった。

僕が参加したのは、蜷川実花さん、東村アキコさん、川村元気さんとのセッション。与えられたテーマは「いま何が流行っているのか」。控室で「ざっくりとしすぎていて話しにくいよね」と文句を言っていたら、林さんがやってきて「このテーマ、私が考えたのよ」と告白されて、一同肝を冷やした。本当に林さんというのはいつもタイミングよく現れる。

4人で話していて面白かったのは、「時代の気分」という話題。これだけ個人化が進んだ時代でも、何か社会を覆う「気分」のようなものはあるのではないかというのだ。

たとえば映画『君の名は。』の大ヒットは、きっと「やりなおし」に憧れる時代の気分があったのではないか。

とはいえ、気分という茫漠としたものを捉えるのはとても難しい。東村さんは、子どもの頃に親が転勤族だったため、場を見抜く力が磨かれたと言っていた。新しいクラスに転入するたびに、勢力図を把握して、自分のポジションを考える必要がある。その観察眼が、今の漫画家としてのキャリアにも活きているという。

そういえば僕も小学生の頃、せっせと学級新聞を作っていた。なぜなら、メディアには自然と情報が集まってくるから。その気になれば、教室内世論を動かすこともできる。メディアは第四の権力ともいわれるが、競合相手のいない学級新聞のパワーは計り知れないものがあると踏んだのだ。

しかし、一教室の中とはいえ、気分を人為的に作るのは難しい。僕自身、しばしば悪口による炎上騒ぎを起こし、学級会などで批判の対象になっていた。人間って、大人になってもあんまり変わらないんですね……。

さて、エンジン01の個人的な楽しみは、文字にならない情報に出会えること。本や雑誌はもちろん、ツイッターや匿名掲示板で活字があふれている時代でも、文字で記録されない出来事というものは存在する。

「声の文学」とでもいえばいいだろうか（こう書くと格好いいが、要は噂話や悪口だ）。

「声の文学」は、ほとんど文字には残らない。仮に活字で残されたとしても、数百年後の人にとってはほぼ無価値な情報だ。僕たちは、同時代に生きているから、乙武さんの動向に興味を持つ（報告しておくと元気そうでしたよ）。しかし未来人が彼の騒動に一喜一憂するなんてことは考えにくい。

「声の文学」は、同時代に生きて、場所を共にした人々にしか共有することはできない。

というわけで、「エンジン01」、次回は秋に釧路での開催らしい（242ページ参照）。文字に残せない悪口に興味のある人はぜひ。

（2018・2・15）

いつか、誰もが自分の行動を24時間記録し続ける時代が来るのかも知れない。その時、ついに「声の文学」は失われ、人間から本音が消えるのだろうか。それとも、人前でも構わずに悪口を言えるような、空気を読まない人ばかりの世界になるのだろうか。

地方は独自に進化する

鹿児島県南九州市に呼ばれて講演をしてきた。「南九州市」と聞くと「北九州市」のような巨大な街を連想するかも知れないが、実態は、10年ほど前に川辺町、知覧町、頴《え》娃《い》町が合併して誕生した人口約3・5万人の街。しかし北九州市（人口95万人）はうまく騙されてくれたのか、人事交流も行われているという。父が川辺出身という縁もあり、数日間滞在してきた（市の方をはじめ熱烈に歓迎してもらった）。

鹿児島で困るのは言葉の問題だ。大河ドラマ『西郷《せご》どん』でも、「何を言っているのかさっぱりわからない」「字幕が必要だ」とネットで騒がれたくらい薩摩弁は難しい（ちなみに、地元の若者にも『西郷どん』の言葉は難しいらしく、ドラマで方言を勉強していると言っている人までいた）。

薩摩弁の中でも、南九州市頴娃地方の方言は「英語」にかけて「頴《え》娃《い》語《ご》」と呼ばれるほど難解だ。

突然ですが、ここで問題です。次の言葉を共通語に翻訳して下さい。

「けけけけ」。絶対わからないと思うが、これで「今日、貝を買いに行って来い」という意味になる。

「うっすいかんがあればたすくいかんもあい」。これは「捨てる神あれば拾う神あり」。

一口に「日本語」といっても、それがいかに多様かを実感させられる。

父の出身地である川辺方言も難しい。同じ言葉を重ねることで強調するという語法があり「とても美味しい」が「うんまかもうんまか」、「とても可愛い」は「むぞかもむぞか」となる。

高齢の親戚同士の会話はほぼ理解不能。僕と話す時はみんな気を遣ってくれたが、それでも時に通訳が必要だった。

鹿児島は日本有数の花の消費地でもある。今でも、墓に生花を供えておくという慣習が生きているのだ。それはもっぱら女性たちの仕事だ。しかし、これは考えるだけでも大変。特に夏場などは毎日のように墓へ行き、水を替えないとならない。かつては墓地が一種の社交場として機能していたのだろうが、今や女性が当たり前に働く時代。生花が造花になったり、墓ではなく納骨堂が選択されることも増えているという。

鹿児島に訪れている変化はそれだけではない。川辺には「A-Z《エーゼット》」という巨大スーパーが誕生し、食料品や家電はもちろん、自動車から墓石まで売られている。しかも年中無休で24時間営業というのだから、下手なコンビニよりもよっぽど便利だ。85歳になるエミちゃんという親戚も、墓に供える花をA‐Zで購入していると言っていた。

東京発のニュースにばかり触れていると、日本中が一様に発展しているように錯覚してしまう。しかし地域には独自の慣習と進化のスタイルがある。特に鹿児島は、古代から、なかなか中央の支配が及ばなかったエリア。江戸時代もずっと密貿易をしていたし。鹿児島が、これからどんな進化を遂げていくのか楽しみだ。たとえば100年後、鹿児島が独立国家となり、薩摩弁が今よりさらに難解になっていても別に驚かない。

（2018・2・22）

2018年12月16日放送の『西郷どん』最終回の視聴率は、関東地区では13・8％に留まったものの、鹿児島では30・0％を記録した。「日本」とくくってしまうのには、この国はあまりにも多様なのである。

この世は呪術であふれている

アルビノという遺伝子疾患がある。先天性白皮症とも呼ばれるが、皮膚や髪の毛、眼に色素が生じないため、「天使のように美しい」と形容される場合もあれば、見た目で差別を受けることもある。日本にも約5000人のアルビノがいるという。

信じられないことに、アルビノが「狩り」の対象になることがある。アフリカでの話だ。長生きをしたり、誰かを呪い殺すために、アルビノの肉が効果的だという迷信のせいで、何人ものアルビノが殺されたり、身体の一部を切断されてきた。

そんなことを知ったのは、初瀬礼さんの小説『呪術』(新潮社)を読んだから。まさに「アルビノ狩り」をテーマにした本で、遠くアフリカの地ではびこる俗習に関わることになった日本人の物語だ。スケール感の大きいエンターテインメント作品として楽しく読んだのだが、アルビノを使用した呪術といわれても、それを直感的に理解するのは難しい。

たとえば、アフリカゾウが密猟され、象牙が違法取引される事件が相次ぐのは、まだ何となくわかる。一部の富裕層の間で、未だに高値で取引されるからだ。

しかし、アルビノという生きた人間を殺傷して呪術に使用するというのは、にわかに理解できる範疇を超える。長生きをしたいなら適度な運動や規則正しい生活をするのが一番効果的だし、誰かを呪うくらいなら直接手を下したほうが近道のような気もする。なぜわざわざアルビノの人たちを狙わないといけないのか。

しかし、「アルビノ狩り」を例に「アフリカは呪術のはびこる未開の地」と決めつけるのは早計だ。なぜなら、日本にも別の形での「呪術」があふれているから。

たとえば朝のテレビでは決まって星座占いが流れる。「射手座の人は忘れ物に気をつけて。今日のラッキーアイテムは赤いハンカチ」とかいうやつだ。

合理的に考えれば、生まれた星座で今日の運勢が決まるわけがない。12星座占いの場合、単純計算で一つの星座に1000万人以上の日本人がいる。その全ての人のラッキーアイテムが「赤いハンカチ」なんてことがあるだろうか。

人によって占いへの信頼度はまちまちだろうが、全く信じないという人はむしろ少数派だと思う。神社でお守りを買ったり、験担ぎをしたり、多くの日本人は何らかの形で「呪術」を信じ、実践している。

それはきっとスピリチュアルな理由からだけではない。現実世界では、ゲームと違い、どんなに力を尽くしても叶わないこともあれば、怖いくらいに幸運が続くということもある。人知の及ばない「何か」を期待して「呪術」に頼るというのは、気持ちとして非常にわかる。

「呪術」のために誰かが犠牲になるのは言語道断だが、僕たちが「呪術」と完全に決別するのは難しいのだろう。平和のため、世界中のニュース番組で星座占いを流行させてもいいのかも知れない。しかし星座占いも、みんなが本気で信じると星座差別が生まれる。動物占いくらいがちょうどいいのだろうか。

（2018・3・1）

『とくダネ！』キャスターの小倉智昭さんが手術をした日、『めざましテレビ』の星座占いが最下位だったらしい。もちろん小倉さんは気にしていなかったが、いつかコンプライアンスを理由にテレビから占いの消える日が来るのかも知れない。

人は油断すると退屈する

立て続けに二人の友人から「欲望が消えた」「やりたいことがなくなった」という話を聞いた。二人とも世間から見れば、それなりの成功者。最近の仕事も順調で、順風満帆のように思える。そんな彼らがどうして隠居や出家をした人のようなことを言うのか。

彼ら曰く、仕事が軌道に乗った頃はとにかく楽しかった。無限にアイディアはあったし、それを実現していく過程で、着実に自分自身も進化している感覚があった。しかし成功を数年続けていると、あるループに入り込んでしまう。ほとんどのことは経験の応用で対応できるようになり、かつてのような興奮が消えていってしまうのだ。

確かにわかる話ではある。成功者に限らず、多くの人にとって、日々の生活は何らかのルーチンで成立している。通勤電車に乗る、出勤する、見飽きた顔の同僚に挨拶をする、といった日常に、何らかの面白みを発見するのは難しそうだ。

しかし、お金も自由もある成功者がなぜ日常に退屈する必要があるのか。

おそらく、退屈さということで考えれば、お金があるかどうかは、あまり関係がない。

たとえば富裕層の趣味といえば、決まって車、時計、ワインなどが挙がる。ステータスシンボルでもあり、富裕層同士の共通の話題としても最適なのだろう。それに加えて、集め甲斐ということもあると思う。車も時計も1億を超える製品が珍しくない上に、種類も豊富だ。蒐集のゴールがないという点が、魅力の一つなのだろう。

そう考えると、お金持ちでなくても、日常に楽しみを見つけ出すことは不可能ではない。タレントの千秋ちゃんは、1000円くらいで購入できるチープカシオの蒐集にはまっていた。「他人からどう見えようと、私はこれが好き」というものがあれば、それは立派な趣味になる。空の写真を撮ったり、石を集めるといったように、お金をかけずに楽しめる道楽はたくさんある。

痴漢も満員電車に楽しみを見つけ出そうとした人のなれの果てかも知れない。犯罪は論外だが、『男が痴漢になる理由』（イースト・プレス）という本によれば、実際の痴漢は依存症の一種で、多くの痴漢は勃起さえしていないという。

冒頭の二人とは違う、ある大成功した起業家の話だ。彼は最近スノーボードにはまっている。毎週末、日本中のスキー場を渡り歩くというのは余裕のある話だが、もっぱら頭を悩ませているのはどんなゴーグルを買うかといった些末なこと。

彼は現時点で、心底スノーボードが好きというわけではないと思う。しかし何かに「好きな気持ち」が芽生えそうになった時は、それを大事に育てるようにしているという。年を重ねて経験が増えるほど、誰もが社会に退屈しそうになる。そこで「もうやりたいことがなくなった」とうそぶくのは簡単だ。でもここで「好きな気持ち」を意識的に探すことで人生はきっと豊かになる。僕にもチョコという趣味があってよかった。歯医者通いのせいで退屈している暇もない。

（2018・3・8）

暇さえあれば、次はどこの街へ行こうかと考えている。今日、興味を持ったのはウラジオストク。ロシアなのに東京から2時間半。ビザ取得も簡単で、治安もいいという。「日本から一番近いヨーロッパ」がキャッチフレーズ。行きたい。

納税とは神頼みの産物である

たぶん日本中で読者は3人くらいしかいないと思うが（うち2人は編集者）、『新潮45』という雑誌で、日本史の連載をしている。

調べれば調べるほど疑問が湧いてくるのが古代史だ。古代大和政権は3世紀には東北から九州までに強い影響力を持ち、7世紀後半には中央集権国家「日本」を完成させている。

この古代日本がすごいのは、列島に住んでいた人々に対して、納税や兵役に就く義務を課したことだ。

当時の日本は、国民に対してほとんど何もしてくれなかった。全国に病院を作ってくれるわけでもないし、年金で老後の面倒を見てくれもしない。一応、中央の役人が地方へ行って農耕に関する最新技術を伝えたり、多少の公共事業くらいは実施していたが、庶民の生活は非常に貧しかった。

まともな学校もなかったから、明治政府のように教育を通じた愛国心の涵養もできなかっただろう。当然、インターネットやテレビもあるわけがないので、情報による洗脳も不可能だ。

現代人が嫌々ながらも税金を納めるのは理解しやすい。何だかんだで、日本という国に恩恵を感じているのだ。減税を主張する人はいても、国家を解体して完全無税にせよという急進派はほとんどいない。

なぜ、古代の人々は、何もしてくれない国家に進んで税を納めたのか。

一つは安全保障だ。現代でも紛争地帯を見ていればわかるが、国家はおそらく安全保障から始まったのだと思う。弥生時代は列島中で戦闘行為が定期的に発生していたと考えられている。

会社の覇権争いと一緒で、ボスタイプはどんどん戦いを仕掛けて領土を拡大していけばいいが、性格的に現状維持を望む人も多かっただろう。彼らは自分の居住地が戦闘に巻き込まれないために、近場の権力者に食糧などを納めたはずだ。今でいえば、暴力団に払う場所代に近い。

しかしこれだけでは、列島中が中央に服従した理由としては弱い。遠くの都へ納税するのは、近場のリーダーに場所代を払うのと訳が違う。なぜ九州や関東に住む人々までが、会ったことのない天皇や貴族に支配されようとしたのか。

このことがどうしてもわからなくて、磯田道史さんと佐藤優さんに聞いてみた。２人から共通して指摘されたのは、宗教の力だ。

現代人でも宗教に献金する人は少なくない。お賽銭レベルでいえば、大多数が何らかの形で「神頼み」をしている。

それが古代となればなおさらだ。天候不良で農作物が収穫できないだけで、村中がころっと死んでしまう時代。科学の力に頼れないとなれば、「神頼み」をするしかない。中央への納税は、その「神頼み」の延長だと考えれば、確かに腑に落ちる。納税とは、「何とか来年も充分な作物が穫れますように」という切なる願いだったのではないか。

現代日本でも「納税には神秘的な御利益がありますよ」とアピールしたら、増税に対する反対も和らぐのかも知れない。


（２０１８・３・15）

このエッセイを書いた数ヶ月後、『新潮45』はＬＧＢＴ騒動によって休刊となった。10年以上前に雑誌に関わっていた中瀬ゆかりが「元・編集長」としてテレビで紹介され、まるで事件の当事者のような誤解を受けていたのが興味深かった。

脱出ゲームの聖地に行ってみた

体感温度はマイナス13度だったらしい。この原稿を書いている今日まで滞在していたアムステルダムの話だ。今、ヨーロッパはシベリアからの寒気の影響で、5年ぶりの大寒波。

ノルウェーに1年間留学していたこともあり、寒さには強いつもりでいた。しかし今回の寒さにはまいった。外を5分も歩いていると思考力が低下してくる。身体を温めようとして慣れないジョギングを試みようものなら、吸い込む空気が冷たすぎて肺が痛くなる。

そういうわけで日中はほとんど活動できなかったが、アムステルダムに来た目的は観光ではないので問題ない。もちろんマリファナを嗜みに来たわけでもない。

話はそれるが、アムス住民はマリファナを完全に観光資源扱いしていた。嗜好品としては圧倒的にアルコールが人気。アムス在住者何人かに聞いたが、禁止薬物でないマリファナにそれほどの魅力はないという。

さて、僕が今回わざわざオランダまで来た目的はエスケープルーム（脱出ゲーム）。仲間で協力して謎を解きながら、制限時間内に部屋からの脱出を目指すという体験型エンターテインメントである。

本来、ネタバレは厳禁なのだが、イメージが湧かない人のため、冒頭を少しだけ。僕が今回プレイした「Wake Up」の目的は少女を目覚めさせること。子供部屋を模した空間に閉じ込められた参加者は、部屋を散策してヒントを探す。ぬいぐるみやパズルが見つかり、それをうまく組み合わせることで、次の謎が現れてくるという仕組みだ。

この脱出ゲーム、今、世界中で人気なのである。日本でも新宿に「東京ミステリーサーカス」という大型脱出ゲームがオープンしたが、世界では何と3000箇所以上もある。旅行サイト、トリップアドバイザーで欧米都市の娯楽施設を検索すると、上位はほとんど脱出ゲームという有様だ。

その中でもアムステルダムは脱出ゲームの聖地。規模が桁違いなのだ。日本ではまるで受験勉強のように机上でほぼ完結するゲームが多い。しかし欧米のゲームは仕掛けがすごい。

特に2軒目に行った「エスケープルームネーデルランド」は圧巻だった。アムステルダム市内から車で1時間の郊外にあるだけあって、とんでもなく巨大。仕掛けの数々に度肝を抜かれた。

なぜここまで脱出ゲームは増えたのか。経営者目線で考えれば、投資効率がいいのだろう。初期投資は100万円程度だろうが、料金は約3000円。客は必ずグループで来るから、1時間で約1万円の売上となる。1日に6回転はできるので、初期投資の回収は簡単だ。

参加者目線では、大げさではなく「生きている実感」が味わえる。仕事も遊びもキーボードやスマホ操作で完結してしまう時代に、物理的に部屋を散策したり、仲間と真剣に協力するという経験は非常に新鮮だ。気分はまるでRPGの主人公。

これからベルリンとロンドンに行くのだが、もちろん現地の友人と脱出ゲームを予約済みである。

（2018・3・22）

日本の教育でも、記憶力より発想力がますます重視されるようになっている。こうした「脱出ゲーム」や「謎解き」が、学校の正式カリキュラムに採用される日が来るのかも知れない。

初めて小説を書いてみた

初めて小説を書いた。

実はこれまでも小説を書いてみないかという依頼を受けたことは何度かある。まあまあ面白いと自画自賛してしまう粗筋やテーマを思いついたこともあった。しかしどれも最後まで書き切ることができなかった。

明確なしめきりの不在という問題もあったが、小説というスタイルで何かを書く必然性を見出せなかったのだと思う。言いたいことがあればエッセイや評論で書けばいい。あえて物語を介在させる理由がない。そう思って、少しも筆が進まなかった。

加えて、せっかく「小説家デビュー」をするなら、満を持して素晴らしい作品を書かないと意味がないとも思っていた。お笑い芸人や映画プロデューサーなど、他分野で活躍していた人が小説を書き始めるのは一種のブームである。そのブームに乗ったと見なされるからには、それなりの完成度の作品を発表したかった。

だが、僕が今回書いた小説は、まるで違う文脈で生まれたものだ。端的に言うと、祖母が去年の秋に他界した。春までは自分で自転車に乗って買い物へ行けるくらい元気だったのが、夏前に癌という宣告を受け、入院をしてからは数ヶ月で亡くなってしまった。その時に感じたことを、どうしてもノンフィクションで書くつもりにはなれなかった。ただ一つの結論を提示できる話題とは思えなかったからだ。だから、創作と事実を混ぜることができ、作中で多様な意見を共存させることもできる小説という表現を選んだ。

結果としてそれは、テレビ局に勤めるアナウンサーを主人公とした、親の死と憲法改正を掛け合わせた物語になった。本来は死だけをテーマにすればいいところに改憲を掛け合わせたのは、僕の照れもあるのだろうが、一見すると絶対的な断絶線にも実はグレーゾーンが多いことを提示したかったからだ。

憲法改正に反対する人々は、改憲が実現すると日本が軍事大国になるかのようなことを言う。しかし、もし51%の賛成と49%の反対で決まった改憲なら、政府は反対派の意見に耳を傾け続けるだろう。賛成と反対は、きっちり白黒で分けられる問題ではないのだ。

生と死にもある種の曖昧さがあると思う。たとえば生きていても年に一度も会わない人もいれば、死んでからも毎日のように思い出す人もいる。そして誰かが死んでからでも、一度は忘れていたエピソードを思い出し、新しい記憶にできるかも知れない。
　そんなことを考えながら、母の死に揺れる青年の物語を書いた。拙いながらも、一応は作品を書き切れたことに満足していた。『文學界』２０１８年４月号に掲載されているのだが、誤算は森友問題の再燃である。政権はもはや改憲どころではないだろう。本来は作品世界のリアリティを増したかも知れない改憲に関する記述が、一気に架空の出来事になってしまった。「予言小説」と褒められる可能性もあったのに。しっかりしてよ財務省！

（２０１８・３・29）

憲法改正が話題になることは、すっかり少なくなってしまった。自民党もポーズでは改憲を訴え続けるのだろうが、実際の優先順位は極めて低いのだろう。小説は、憲法論争が盛り上がったら単行本にしようと思っていたが、このままではお蔵入りである。

受刑者にGPSをつけてみたら

オランダでは元刑務所を利用したホテルや脱出ゲームが人気だ。なんと刑務所があまっているのだという。最近は他国に刑務所の貸し出しまで始めている有様だ。一般的にいって治安がいい国ではある。それに加えて、犯罪者処遇における「刑務所離れ」が進んでいるのだ。薬物犯罪なら治療施設でのリハビリが試みられるといった具合である。

加えて2008年からは、足首に装着するGPS監視装置が導入された。この監視GPSを装着することを条件に、刑務所送りが免除されるのだ。

電子監視は1980年代のアメリカで刑務所不足がきっかけで始まった制度だが、今では欧米、韓国など多くの国で導入されている。GPSアンクレットが、受刑者限定で世界的な流行を見せているというわけだ。

国によって運用方法は違うが、要は自宅軟禁を刑務所生活の代わりにできる。家族や友人に会うことはもちろん、許可されれば仕事に行くことも可能だ。寄り道は禁止で、無許可で外出した場合は警察に通報され、身柄を拘束される。

このGPS自由刑には利点が多い。一つは刑務所の管理コストを減らせること。日本の場合だが、受刑者の年間経費はざっと50万円ほど（数百万という試算もある）。電子監視ならば、看守の数も食事代も浮くため、費用はぐっと安くなる。受刑者の社会復帰にも役立つ。社会から隔離されないため、再犯率も低いのだという。

しかし日本でGPS自由刑を導入した場合、「犯罪者に甘すぎる」「刑務所で辛い思いをさせるべきだ」という批判が出るだろう。

国家による刑罰には様々な考え方がある。刑罰を「犯した罪に対する報い」や「犯罪の抑止」と考えた場合、自宅軟禁は「甘い」のかも知れない。しかしコスパを考えた場合、GPS自由刑のメリットは多そうだ。

日本の刑務所が十分機能しているならまだいい。だが『犯罪白書』によれば、出所受刑者のうち4割近くが5年以内に再び刑務所に戻ってきている。こう書くと、日本の刑務所がまだまだ「甘い」からだという反応が返ってくるかも知れない。

ノルウェーという国がある。GPS自由刑も導入しているが、刑務所も快適だと評判。軽罪者向けの刑務所では、全員に個室（もちろん北欧デザイン）があてがわれ、会社通勤も可能だ。島がまるまる刑務所なんて場所もある。

このノルウェー、再犯率が極めて低いのだ。刑務官がインタビューでこんなことを言っていた記憶がある。「我々は犯罪者に復讐したいわけではない。彼らが社会復帰して、自宅の隣に引っ越してきても安心できる隣人であって欲しい。そのための手助けをしている」。

日本でそのような達観はすぐには無理でも、試験的にGPS自由刑を導入し、コストや再犯率を冷静に分析するくらいはすべきだと思う。もし効果がありそうなら、範囲を拡大していけばいい。日本でも刑務所が余り、跡地を活用したリアル刑務所脱出ゲームが流行する日を夢見ている。


（2018・4・5）

司法という最も合理性が重要そうな世界で、エビデンスよりも「感情論」が優勢なのは興味深い。多くの犯罪には被害者がいるので、そこに寄り添いたい気持ちはわかるが、次なる被害者を減らすためには、もう少し他国の例を参考にしてもいいのでは？

安倍昭恵さんは面白い

初めて安倍昭恵さんと会ったのは、もう6年以上前のことだ。慶應義塾大学のイベントで知り合い、僕の『絶望の国の幸福な若者たち』という本を渡した。

数日後、彼女はフェイスブックに僕の本の感想を書いてくれた。さらに「日本なんて終わってもいい」という、本の中で一番過激なページの写真もアップされていた。当時は自民党が野党だった時代。時代錯誤な憲法草案を発表したり、今よりもずっと右に偏っていた。昭恵さんのフォロワーにも、非常に保守的な人が多かった。結果、コメント欄は大荒れになる。「日本なんて終わってもいい」とは何事だ、というわけだ。

ほどなくして昭恵さんから食事に誘われた。そのメールには、私は本の内容に共感したけれど、あのような形で紹介してしまってごめんなさい、とも書いてあった。20代の若者に対しても、対等に接してくれる人なのだと思った記憶がある。

昭恵さんに連れて行ってもらったのは、「たまにはＴＳＵＫＩでも眺めましょ」というオーガニックバーだ（２０１８年に閉店）。店主の髙坂勝さんは、脱原発派であり、思想的には反アベ。そこでどんな乱闘が始まるのかと思ったら、髙坂さんと昭恵さんは完全に意気投合していた。

その後、昭恵さんは二度目の「総理夫人」となったが、パワフルに活動を続けた。交流を続けてわかったのは、彼女が本当に純粋な無私の人ということである。少なくとも利害やイデオロギーで人付き合いはしない。

『週刊文春』は悪意を込めて「善意の怪物」と表現したらしいが、あながち間違いではない。森友学園の名誉校長が話題になったが、昭恵さんは一時期、何と五十近くの名誉職を引き受けていたという。「社会のため」と言われれば断れない性格なのだろう。

昭恵さんは、新潮社の中瀬ゆかりさんと今でも親交を続けている。中瀬さんは友人のネタを『週刊新潮』に売ったりはしないが、逆に記事を止める力も一切ない（実際は社長でも止められないのは有名な話）。しかし昭恵さんは中瀬さんに何のパワーもないとわかっても、『週刊新潮』にいくら悪く書かれようと、関係を絶とうとしない。

つい先日のことだ。ある番組の女性コメンテーターが昭恵さんの批判をしていた。普通ならそのコメンテーターを嫌いになって終わるところだが、昭恵さんは彼女に会いたいという。

昭恵さんの行動原理は「話せばわかる」。世の中そんなに甘くないと言われるかも知れないが、実は「話せばわかる」は民主主義の基本であり、理想だ。対話によって、よりよい社会は作っていけるはず。そう信じる昭恵さんは、民主主義の理想に鑑みれば、その優等生ともいえる。

彼女を批判するのは簡単だ。「脇が甘い」とか「立場をわきまえろ」とか。でも、「話せばわかる」と信じる「善意の怪物」が、「総理夫人」の国って、僕は面白いと思う（忖度でもないし焼肉効果でもないのだけど、過剰に擁護しているように見えちゃうのかなあ）。

（2018・4・12）

昭恵さんに、夫婦でセックスはするのかと聞いたことがある。答えは「チューはよくする」。そのことを僕がテレビで言ったときも、「仲がいいと世間にわかってもらって嬉しい」というLINEが来ていた。

人間は簡単に機械に支配されない

自動運転車が世界初の死亡事故を起こした。横断歩道のない暗闇で、自転車を押して歩いてきた女性に衝突してしまったのだ。

人間ならば防げていた事故かどうかはわからない。その意味で「自動運転は危ない。運転は人間がすべきだ」と結論するのは早計だ。何せ世界保健機関の発表では、毎年125万人が交通事故によって命を落としているのである。

現時点でわかっていることは「人間による運転はかなり危ない」ということだけだ。実験が始まったばかりの今、機械と人間のどちらが運転に向いているのかはわからない。

　しかし、今回の事故が、自動運転や人工知能を神のように崇める風潮に冷や水を浴びせたのは事実だろう。人間にとって、運転というのは決して難しい作業ではない。免許が一日でとれてしまう国もあるくらいだ。

この数年、多くの仕事が人工知能によって奪われるという議論が人気である。しかし、運転という誰でもできるようなことさえ、機械はまだ完璧にはこなせない。人間が機械に支配されるのはまだ先になりそうだ。

一方で、人間はすでに相当程度、機械のいいなりになっていることも事実。

例えばカーナビでは、目的地を設定したら、人間はまるで機械のしもべのようにハンドルを握ることになる。「この先、右です」などと散々指示を出された後、「目的地に着きました。お疲れ様でした」と労をねぎらわれる。シンギュラリティなど待つまでもなく、運転案内に関して人類は、とっくに機械に追い抜かれているのだ。

当たり前の話だが、適材適所ということなのだろう。人間に向いている仕事もあれば、そうでない仕事もある。自動運転に関しても、日本の狭い路地を縦横無尽に機械で走らせるのは難しいだろうが、まっすぐな道が続く高速道路は技術的ハードルが低い。

しかし、自動運転の長距離トラックや高速バスが実現するにはまだ時間がかかりそうだ。なぜなら、技術的に可能であることと、社会がそれを受け入れるまでには時間差があるから。

しかも歴史を振り返れば、「機械が仕事を奪う」という議論の単純さがわかる。

炭坑夫、氷売りなど、多くの職業が消えた。これらはロボット炭坑夫やＡＩ氷売りの登場で消滅したわけではない。発電方法が石炭火力から石油火力や水力になったり、冷蔵庫の登場で不要になったのだ。

ロボットや人工知能の議論では、既存の仕事がそのまま機械に代替されることをイメージしがちだ。しかし未来においては、産業構造や、社会のあり方自体が変わっている可能性も高い。

自動運転に夢を見ること自体、20世紀的な発想なのかも知れない。すべてが家で済む時代が訪れたら、運転自体、必要なくなるのだから。「昔の人は、運転を機械にやらせようとしてたらしいよ」「便器の上でVRゴーグルをかぶっていれば移動なんて必要ないのにね」とバカにされる日が来るのかも。

（2018・4・19）

つい現代の常識を当てはめてしまうから、未来予測はおかしくなる。未来に関して最も裏切らないのは人口予測である。急に人口動態は変わらないから、日本がこれから数十年間にわたって深刻な少子高齢化に苦しむのだけは、ほぼ間違いがない。

「血がつながっているから子どもを愛せる」のか

21世紀になってから随分経つ。インターネットの普及で世界中の情報はすぐに入手できるようになったし、有名人の悪口をいくらでもつぶやけるようにもなった。子どもも大人も、橋田壽賀子さんまでがスマートフォンを持ち、情報を検索する。30年前の人がタイムスリップしてきたら、その光景に驚くはずだ。どうしてみんな、下を向いて小さな板をいじっているの、と。

しかし依然として少しも「未来」になっていない領域もある。たとえば生殖だ。

特に女性の人生は、生殖可能年齢に縛られている。しかも、その年齢と社会的に望ましいとされる生き方には大きな乖離《かいり》がある。

日本でも、10代半ばで結婚して、子どもを産むことが珍しくない時代があった。芳春院《ほうしゅんいん》(まつ)など数え年13歳で出産している。今でもアフリカでは10代で妊娠する人が少なくない。

しかし先進国の10代といえば、学校教育のど真ん中。中高生の出産が「非行」のように扱われることもある。そして20代から30代は仕事が一番忙しい時期。ようやく仕事が一段落する頃には、出産が難しい年齢になっている——。

しかし近い将来、テクノロジーの力が、生殖をもっと自由にしてくれるかも知れない。たとえば、iPS細胞の技術を用いれば、皮膚などから採取した細胞を培養することで、性別や年齢に関係なく、精子や卵子を作り出すことができる。

要は、同性同士でも、高齢者同士でも、子どもが作れるようになるのだ。場合によって子宮だけは代理母に頼むことになるだろうが、文字通り誰もが、自分の遺伝子を受け継いだ子どもが作れるようになるのだ。

そうなれば生殖はよりポップなものになるだろう。老後の楽しみに子どもを作ったり、天才同士が実験として子どもを作ったり。倫理的には大いに議論されることになると思う。ただし残念ながら、現在はまだ研究段階。実現までにはかなり時間がかかりそうだ。

しかし技術の進化を待たなくても、生殖から自由になる古くからの方法がある。養子や里子、結婚相手の連れ子など、自分とは遺伝的につながっていない人間を、子どもとして迎え入れるというスタイルだ。

僕自身、自分の遺伝子を後世に残したいという強い願望はない。仮に結婚したとしても、僕よりも優秀そうな友人の子どもを育てたいとも思う。一人は夫婦の子どもでもいいが、もう一人は友人に精子提供をお願いしたい（と『ワイドナショー』で発言したら、スタジオの温度がすっと下がった）。

「血がつながっているから子どもを愛せる」というのは、フィクションだと思う。だって人類は、種が違うはずの猫や犬を愛することができるのだ。しかも自分が親しみを持つ友人の子どもだったら、きちんと大事にすることができると思う。

そもそも今でも、全く気付かずに、父親が自分の遺伝子を受け継いでいない子どもを育てているケースは決して少なくない。その割合は数%とも1割以上とも言われている。

（2018・4・26）

現代日本で「子どもが欲しい」と思ったら、まず恋愛をして、そして結婚をするというプロセスを踏むのが一般的だ。だけど本当は、恋愛・結婚・出産を不可分なものと考える必要はない。もう21世紀なのだから、生殖はもっと自由になっていい。

雑誌とネットは発火点が違う

『週刊新潮』で連載中のこのエッセイが、少し前からオンラインサイト「デイリー新潮」に転載されている。

自分の書いた文章を読まれる機会が増えるのは嬉しいのだが、問題は雑誌とインターネットで炎上の発火点が違うということである。

昔、雑誌『プレジデント』で、田原総一朗さん、津田大介さんと鼎談をした時のことだ。誰もががむしゃらに働く必要はないという話題になり、まず津田さんが「稼ぎが落ちても、困ったらすき家がある」と発言した。

それに対して僕が、牛丼は日本型福祉の一つと応答した。北欧のように国家が福祉を提供する国と違って、日本では牛丼などのファストフードが福祉の役割を果たしているという意味だ。

この鼎談、紙の雑誌に掲載された時は全く話題にならなかった。しかし全く同じ内容がネットに転載されたら、ツイッターで意識高い人々が騒ぎ始めた。牛丼が福祉とは何事だ、というわけである。

彼らは、福祉とは国家が担うべきものであり、牛丼しか食べられないような食生活を肯定するとはけしからん、と言うのだ。

しかし福祉国家論では、福祉の提供は国家、市場、家族など複数のアクターを想定するのが常識。しかもすき家を経営するゼンショーの理念は「世界から飢餓と貧困を撲滅する」。自分たちを「社会インフラ」と位置づけ、災害時にもいち早く炊き出しや営業再開をしている。これはもう、立派な「福祉」の提供者と言っても過言ではないだろう。

ちなみに、すき家の話を持ち出した津田さん自身は、大して批判されなかった。おそらく「津田は牛丼を食べそうだが、古市は食べなそう。それなのに上から目線がむかつく」といった感情が背景にある、くだらない炎上だったのだろう（そして実際、あまり食べない）。

紙の世界とネットの世界の差は縮まりつつあるとはいえ、未だに断絶がある。だから「牛丼福祉論」の炎上のようなことが起こるのだが、今から思えば大した騒動ではなかった。

最近、「炎上」という言葉が簡単に使われがちだと思う。乙武洋匡さんや佐野研二郎さんクラスの騒動なら「炎上」と言ってもいいだろうが、彼らに比べればほとんどの炎上は、実質的には線香花火くらいのものだ。

誰でも気軽にものが言えるネット空間において、そこかしこで線香花火がチカチカしているのは仕方がない。むしろ民主主義社会において健全な状態とさえ言えるのかも知れない。

ところで、「デイリー新潮」には雑誌版同様、ナカムラさんのイラストも転載されるとのこと。ナカムラさんはＬＩＮＥの「意識高い系になれるスタンプ」で有名。僕も愛用していたので、連載のイラストを頼むとき第一候補に挙げた。

結果、引き受けてくれたわけだが、実は僕や編集者は、誰もまだナカムラさんに直接会ったことがない。すべてのやりとりはネットを介して。誰もナカムラさんの顔を知らない。インターネット社会の闇である。

（2018・5・3／10）

内田樹さんはネット上にあふれる憎悪や嫉妬の言葉を「呪い」と呼ぶ。ところで、未だにナカムラさんとは会えていない。

いつの時代も見た目が9割

新潮新書に、『人は見た目が9割』という大ベストセラーがあるが、実際には「見た目」不在のコミュニケーションをする機会も多い。古くは電話や手紙、最近はインターネットを介したやりとりである。

しかし非対面コミュニケーションでは、通常とは違う意味で「見た目」が重要になる。たとえば、手紙では文字の上手さや便箋の選び方が「見た目」に相当する。それがわかっていたから、昔の人は頑張って字の練習をしたのだろう。

今でもユーキャンの通信講座では、実用ボールペン字講座が根強い人気を誇っているという。実際、筆跡診断士という民間資格があるくらいだ。その人が書く文字と性格は一致しているはずだと信じる人が多くいるのだろう。

「見た目」が大事なのはインターネットの世界も同じだ。たとえばツイッターやインスタグラムでは、アイコンが事実上の「見た目」の役割を果たしている。もしもアイコン診断士なんて人がいれば「顔写真をアイコンにしている学者は自己愛の強い自信家が多く、論争ばかりしている」「ネット右翼にアニメアイコンが多いのは自分に自信がないから。日本やアニメ世界に同一化したいのでしょう」とか、それっぽい分析をしていそう（あくまでも架空の診断士の意見です）。

さて、今日の本題はＬＩＮＥ。ＬＩＮＥでも吹き出しの隣に表示されるアイコンがあるが、これはさして重要ではない。古市調べでは、ＬＩＮＥで相手の印象を決定的に左右するのはスタンプである。スタンプは、アバターと同じ役割を果たす。つまりスタンプのキャラクターを、無意識のうちに使用者と重ね合わせてしまうのだ。

たとえば北斗の拳のスタンプばかりを使う男性は「強い男」（裏を返せば「気の利かない男」）、カナヘイの小動物スタンプを使う男性は「かわいらしくて茶目っ気がある人」（場合によってはあざとい男）といった具合だ。

ある男性編集者は、気持ち悪いスタンプばかりをギャグで使っていたのだが、イケメン執事のスタンプに変えた途端、急に作家からの好感度が上がったと喜んでいた。

要はスタンプのキャラクターが、まるで使用者本人のように刷り込まれてしまうのだ。そんなバカなと思うかも知れないが、対面コミュニケーションで「人は見た目が９割」ならば、ＬＩＮＥ上で同じことが起こっていてもおかしくない。

なぜＬＩＮＥの話を書いているかというと、『週刊新潮』がスタンプを作ってくれたからである。イラストはもちろんナカムラさん。意識高い系になれるスタンプとのコラボだ。生意気な社会学者が「要するに羨ましいんですね」や「今どき現金使っちゃう並みに頭が悪いなって」など、イラッとする発言をしている。

人の印象がＬＩＮＥスタンプで決まる理論でいうと、他人を挑発したい人や炎上を経験したい人は購入必至のアイテムだろう。

（２０１８・５・１７）

この「誰の味方でもありません」スタンプ、評判は悪くないのだが、非常に使いにくい。「ありがとう」や「わかりました」など、ＬＩＮＥスタンプに必須のコメントが皆無なのである。ちなみに定価が１２０円なのだが、僕に入るのは３円。ホワイトバンドよりも不可解だ。

違法サイトに「功」があるとしたら

子どもの頃、実家が新聞を購読していた時は、欠かさずテレビ欄を見ていた。むしろ、新聞の中で一番好きなページだった。『THE夜もヒッパレ』を観なくちゃ」とか、それで曜日のリズムを作っていたようにも思う。

しかし紙の新聞を読まなくなってからは、当然ながらテレビ欄を見る習慣も消えた。インターネットでわざわざ検索しようとまでは思わない。新聞の購読習慣と共に、テレビの視聴習慣も消えてしまったのである。

このように人間に何らかの行動をさせたり、購買させたりするためには、タッチポイントが重要だ。要は、企業と消費者がいかに接点を持てるのかという話である。企業は、テレビCMや新聞広告、この10年はSNSなどを使って消費者とのタッチポイントを増やそうとしてきた。

さて、難しいのは消費者とのタッチポイントが、違法の場で発生するケースだ。

僕がノルウェーに留学していた約10年前の話である。友人のノルウェー人は、放送の翌日には日本のアニメを英語字幕で楽しんでいた。「有志」が日本で放送されたアニメをインターネット上に投稿、さらに「有志」が翻訳字幕をつけて、世界中に公開するわけである。

法律的に褒められた行為ではないが、当時のヨーロッパでは、日本のアニメをすぐに英語字幕で視聴できるサービスは、お金を出しても手に入らなかった。重要なのは、その後だ。友人は今でも日本のコンテンツが好きで、Ｂｌｕ－ｒａｙや関連グッズを含めて、かなりの金額を日本企業のために使っている。違法の場が、日本文化とのタッチポイントとして機能していたのだ。

話題になった漫画村騒動も似ている。確かに漫画村は著作権的に大きな問題がある。しかし漫画村に代わるような出版社の公式サービスが存在するかといえば、どこにもない。雑誌や版元の垣根を越えて、快適に漫画を読めるようなサービスが存在しないのである。

しかも今どんどん書店が減っている。クレジットカードが使えない地方の子どもにとって、違法サイトが唯一の、漫画との接点だったという場合もあるだろう。

そもそも、本当に漫画村だけが悪いのかという問題もある。たとえば、講談社は漫画のシュリンク（立ち読み防止用の透明な包装シート）出荷を実施してから、売上が悩ましいという話を聞く。客はおろか、書店員さえ漫画の中身を気軽に確認できなくなり、宣伝がしにくくなったというのだ。

漫画村を問題とした人は、サイトを遮断すれば、さも出版物の売上が回復するような発言をしていた。しかし消費者との接点を確保せずに、ただ違法サイトを閉鎖しようとしても、それは自滅への道だ。週刊誌のコンビニ販売も同じだろう。立ち読みだけで返品されることも多いだろうが、物理的に目にする機会の多さで、週刊誌はそれなりの社会的存在感を保っている。まあ運悪く立ち読みでこのコラムを読んだ人には、せっかくだから買ってみて欲しいけれど。

（2018・5・24）

2019年1月の報道によれば、政府は海賊版サイトのブロッキング法制化を断念したという。コンテンツ振興には、ブロッキング以外にもできることが山のようにある。

住まいが人間関係を規定する

10年ほど前から、若者たちの新しい居住形態としてシェアハウスが注目されている。正確にいえば、昭和の木賃アパートなど、若者の共同生活は昔から存在した。１９６８年の建設省調査によると、共同住宅のうち専用風呂付きは5％、専用トイレ付きは22％しか存在しなかったという。つまり多くの若者はシェアを当たり前にしていたのだ。

状況が変わったのは、１９８０年代のワンルームマンションブームから。「財テク」ブームの折り、手軽な不動産投資の対象としてワンルームは最適だった。生まれた時から個室が当たり前になった世代からもワンルームは好まれた。

しかし都心の一人暮らしは、窮屈なのに高価だ。そこで脚光を浴びたのがシェアハウスだった。リビングやバスルームを共有する生活ならば、同じ家賃でもっとレベルの高い場所に住めるというわけだ。

意識の高い人々もこの流行を煽った。多様な人々が一緒に住むことで生まれるつながりが、個人の生活を豊かにするばかりではなく、新しいビジネスアイディアが生まれる、といった具合だ。そういえば、「シェア」や「ノマド」といった価値観を高らかに謳い上げる安藤美冬さんっていたな……。

しかし実際のシェアハウスは、それほど素敵なものではなかった。2014年に国土交通省が発表した調査によると、居住者がシェアを選んだ最大の理由は「家賃が安いから」。そこに「立地が良い」「即入居が可能」と続く。「コンセプトが気に入った」「イベントなどが楽しそう」と答えた人は1割程度に過ぎない。

特に窓のない狭小ハウスに住む人の約半数は月収が15万円以下だった。リベラル風にいえば、シェアハウスは貧困の温床だったのだ。

しかしそのシェアハウスも減少傾向にあるという。この数年で都心の景気が回復し、住宅事情も改善したからだ。結局多くの人は、好んで知らない人となんて住みたくなかったわけである。

それでもシェアハウスには一定の需要はあり続けるだろう。旧来の常識では、シェアは若者だけがするもので、結婚や育児を契機に独立していく人が多いと考えられていた。だが僕の周りには、子どもを産んでもシェアハウスに住み続ける人が一定数いる。ワンオペ育児が問題になる昨今、子育てにはむしろいい環境だという。そこでの住人は

「新しい親戚」のようなイメージだ。

友人は、家族と違って何ら法的に保証される関係ではない。友だちには、婚姻届も、パートナーシップ証明書も必要ない代わりに、気が合わなくなったらそれまでだ。しかし、友人関係とは得てして、複数同時に結ばれるもの。初めは一対一で仲良くなっても、次第に双方がその友人を紹介していくからだ。

つまり、誰か友人と別れようと思ったら、そのコミュニティごと切り捨てる必要がある。しかしそれは時に親と絶縁するよりも難しい。シェアハウスに住まなくても、うっかりすると友人関係は親戚のようになってしまうのだ。

（2018・5・31）

ただスタバで仕事することを「ノマド」と言い換えた安藤美冬さんは、もっと評価されてもいいのではないかと思う。

スピードは人類を幸福にしなかったけど

楽しみにしている未来がある。超音速旅客機の再就航だ。超音速旅客機といえばコンコルドが有名だが、あまりの高コストや墜落事故の発生で2003年には退役に追い込まれてしまった。コンコルド時代は約3時間半で結ばれていたニューヨーク—ロンドン間も、今は約7時間かかる。人類は一度手に入れたはずのインフラを手放し、一時的に「退化」してしまったのだ。

しかし今、様々な企業が超音速旅客機の開発に意欲を燃やしている。たとえばJALも出資するアメリカのBoom Technology社は、巡航速度マッハ2・2の旅客機を2020年代半ばに就航させることを目指す。

もし実現すれば、東京からハワイは3時間半、サンフランシスコへも5時間半で行けるようになる。現在は領土上空での超音速飛行を禁止している国も多いが、それがクリアできればニューヨークやロンドンへも7時間かからずに行ける日が来るかも知れない。運賃はビジネスクラス並と言われていて、決して出せない金額ではない。

世界が小さくなったと言われて随分経つが、19世紀初頭から起こったことに比べれば、この数十年の変化はあまりにも緩慢だった。

1801年には、地球上に馬より速い乗り物はなかったが、1804年には蒸気機関車が発明され、1825年には鉄道が開通している。

1899年に自動車の最高速度が初めて時速100㎞を記録したと思ったら、1932年には時速400㎞を超える車が生まれている。

身近な例でいえば、東京―大阪間は1930年代には8時間20分、1958年になっても6時間50分かかっていた。それが東海道新幹線の開通によって1964年には4時間、1965年には3時間10分にまで短縮される。

当時の人々は、物理的な距離が問題にならない時代が来ると考えていたらしい。たとえば高度成長期以降、都市の郊外にはたくさんのニュータウンが生まれた。その発想の根幹には、交通網の高速化によって通勤時間が劇的に短縮されるという期待があったという。

1960年に発行された科学技術庁編の未来予測『21世紀への階段』では、時速300㎞のモノレールが日本中をくまなく結んでいたり、時速450㎞の無輪自動車なるものが普及すると予測されている。ヘリコプターのタクシー「ヘリタク」なんてものも書かれていた。

しかし実際に訪れた21世紀に待っていたのは、相変わらず混雑した通勤列車と、大して速くない上に揺れが気持ち悪い羽田空港へのモノレールだった。不便なニュータウンは若者が住みたがらず、高齢化が進む。

物理的な移動時間ではなく、インターネットの普及で世界は小さくなった。しかしネットも普及した今度こそ、物理的な世界の移動がもっと楽になるのだろうか。テスラの創業者イーロン・マスクは最高時速1287㎞の超音速列車ハイパーループを計画中だが、本業のテスラは最近過去最大の赤字を計上している。残念ながら、手放しで未来に期待できそうにはない。

（2018・6・7）

超音速旅客機には大いに期待したいところだが、リニア中央新幹線は心配だ。品川から名古屋を約40分で結ぶというが、大深度地下に建設されるため乗り換え時間が長く、大阪まで行く場合は2時間以上かかると見込まれている。

性的指向にはグレーゾーンがある

勝間和代さんが女性と交際し、同棲していることをカミングアウトした。ツイッターなどを見る限り好意的な反応が圧倒的多数だ（一部には「略奪愛」だったのではという推測もあったけど）。確かに二人の写真は本当に仲良さそう。

勝間さんの場合は男性との結婚経験もあり、よくある分類では「バイセクシュアル」ということになるのだろう。しかし勝間さん自身は、愛したのは「個人」であり、「性別」だとか、そうした定義には興味がないらしい。

「LGBT」という言葉の普及もあり、「レズビアン」「ゲイ」「バイセクシュアル」「トランスジェンダー」などの概念は普及したが、実際の性的指向は多種多様だ。

数年前、アメリカで話題になった『NOT GAY』という本がある。ストレートを自任する白人男性同士の性的行為に注目した本だ。一見すると「異性愛者の男性同士のセックス」なんて語義矛盾のように思える。

しかし同書には、様々な事例が紹介されていた。たとえばアメリカでは昔から、若い男性同士が指を肛門に入れ合う「象の行進」という風習があるらしい（実際には、列になった裸の参加者たちが、前にいる男性のペニスを握って歩き回る程度のことが多いようだ）。

他にも、異性愛者の男同士がフェラチオをする「bro-job」（bro は brother の略で、兄弟のこと）が一部で流行しているらしい。

これらは、仲間意識の表現や、友情の証としての性的行為と考えればわかりやすい。昭和の会社では宴会芸として、やたら脱ぎたがる男たちが多かったと思うが、それと同じ文脈で考えてもいいのかも知れない。

かつての日本企業では、男性社員同士が、平日は毎日朝から晩まで、休日もゴルフなどで常にべったりという光景がよく見られた。こうした性的関係を持たない男同士の絆は、「ホモソーシャル」と呼ばれる。彼らはもちろんセックスなんてしないし、家や風俗では当たり前のように女性とセックスをする。時には同性愛者を嫌悪することさえある。

しかし中には、ほとんど恋愛と区別がつかない関係になっているケースもあるはずだ。逆にセックスというゴールがないから、通常の恋愛以上に親密になる場合もあるだろう。

しかし男同士の性的行為は、必ずしも友情から発生するわけでもない。同じ本で知ったのだが、「ホモフレキシブル」や「ヘテロフレキシブル」という言葉もあるらしい。「フレキシブル」を日本語に訳すると「柔軟な」。つまり「ホモフレキシブル」は「ほとんど同性愛者だが、異性に惹かれることもある」、逆に「ヘテロフレキシブル」は「基本的には異性愛者だが、同性とも恋愛関係を持ちうる性的指向」といった意味になる。

こうした言葉が生まれるくらい、性的指向は本来、グレーゾーンが多く、柔軟で、自由なものなのだ。

というわけで勝間和代さん、お幸せに。勝間さんを意識したわけではないが、やたらカタカナの多い原稿になってしまった。

（2018・6・14）

「LGBTQ」（Qは「クイア」もしくは「クエスチョニング」の意）といって、既存の「LGBT」に当てはまらない人を包括する概念もある。個人的には、グレーゾーン（レインボーゾーン？）があることが認知されれば、呼び名はそれほど重要ではないと思う。社会学者の開沼博さんが懸念する「フクシマ」のように、みんなが議論を避ける存在にならなければいいけれど。

白村江に行ってきた

「今度、ハクスキノエへ行くんです」。そう言うと、決まって誰からもきょとんとされた。「白村江」とは、古代日本（倭国《わこく》）にとって最大の対外戦争の起こった場所。660年に滅んだ百済再興を手助けするため、663年に倭国がはるばる朝鮮半島まで出かけ、唐・新羅連合軍と戦ったのだ。いわば集団的自衛権を行使した参戦であった（しかし結果は大負け）。

日本史の教科書には必ず登場するはずなのだが、関ヶ原の戦いや太平洋戦争ほどの知名度はない。1300年以上前のことだから仕方ないが、この白村江の敗戦は、天皇を中心とする強い国家と、「日本」という国号を生む契機となった。それくらい古代日本にとって重要な戦いだったのだ。

現在、白村江という地名は残っていない。戦いが起こった場所には諸説あるが、有力なのは韓国南部の錦江河口とその近海だ。地図アプリを頼りに、ソウルからKTX（高速鉄道）とローカル線、路線バスを乗り継いで錦江河口にある長項へ何とか辿り着いた。

見たところ、非常にのどかな漁村だった。干潟の広がる穏やかな河口に、１３５５年前の戦いを想起させるものは何もない。ようやく見つけたのは朝鮮戦争で命を落とした海兵隊の慰霊碑だけ。長項も戦地の一つになったのだという。

「韓国」というと、やたら「恨《ハン》の文化」を強調したがる人がいる。しかし少なくとも白村江の戦いに関しては、「恨」は完全に消えているといっていい。

正確にいえば、当時の朝鮮半島は高句麗、新羅、百済が争う三国時代の末期だった。リップサービスか、世界遺産である百済の王城跡地、王宮里遺跡展示館のおばさんが、白村江の戦いに関してこんなことを言っていた。

「日本が私たちのために戦ってくれたんですよ」

確かに当時の倭国や百済の末裔が、現在日本や韓国に住んでいる確率は高いだろう。しかし古代国家と現在の両国では国境も違うし、他国人との混血も繰り返されているはずだ。歴史は都合良くその場によって改変されるものなのだろう。

それは現代史でも同じだ。よく台湾は親日なのに韓国は反日だと言われる。これは「恨の文化」というよりも、戦後の国際情勢を考えたほうがいい。台湾は中国本土と距離を置くために日本と近づく理由があり、親日にならざるを得なかった。

実は韓国も１９８０年代までは、反日運動が盛り上がりそうになると経済界が止めに入っていた。経済的に重要なパートナーである日本に対して、正面から歴史問題を提起できなかったのだ。韓国で慰安婦問題などが大々的に論じられるようになるのは、中国との貿易額が増え、日本の存在感が小さくなってからのことだ。

ところで日本で「白村江」と聞いて反応してくれたのは、小説家の玉岡かおるさんだけ。『天平の女帝　孝謙称徳』などの著書があり古代史に精通しているのだ。文壇バー「ザボン」40周年パーティーで、中瀬ゆかりが紹介してくれた。中瀬さんもたまにはいい仕事をするものである。

（２０１８・６・21）

このところ韓国が日本に対して強気なのは、日本がそれほど重要な国ではなくなったから。１９６０年代後半には韓国の貿易シェアのうち、実に日本が４割を占めていたが、今は１割を切っている。

第三章　誰の味方でもありません

「HINOMARU」批判は空疎だ

日本は不思議な国だ。選挙では自民党に投票する人が多いのに、ナショナリズムの高揚には敏感。もっと言えば「日本が好き」や「国を愛する」といった発言はインテリに嫌われてきた。

しかし最近、状況が変わりつつある。ワールドカップでは、若者が日の丸を振り、日本チームを応援する光景がすっかり定着した。また「日本に生まれてよかった」と答える人の割合も増えている。

そんな中、ロックバンドRADWIMPSが「HINOMARU」という曲を発表して、インテリたちをざわつかせている。「この身体に流れゆくは気高きこの御国の御霊」「さぁいざゆかん　日出づる国の　御名の下に」といった歌詞が「軍歌」っぽいというのだ(スマホが手元にある人は歌詞を検索してみて下さい)。

確かに「高鳴る血潮」「燃ゆる御霊」といった歌詞は、戦時中、戦意高揚のために量産された軍歌を連想させなくもない。しかし『日本の軍歌』(幻冬舎新書)の著者、辻田真佐憲も指摘している通り、「ＨＩＮＯＭＡＲＵ」は軍歌というよりも愛国歌だろう。しかも興味深いのは、タイトルと「日出づる国」という歌詞さえ伏せれば、極めて無国籍的な歌になるとの指摘だ。

歌詞にあるように、国旗に対してなぜか懐かしい気分を抱いたり、国家の繁栄を祈るのは日本特有の心情というよりも、世界中で普遍的に見られる愛国心の発露である。その意味で、「ＨＩＮＯＭＡＲＵ」批判は空疎にならざるを得ない。いくらこの歌が軍歌っぽいといっても、現に日本が戦争をしていないのだから軍歌にはなりようがないし、敵国を叩けと叫んでいるわけでもない。国家の安寧を祈る点において、平和的な歌とも言える。文語と口語の混在など、愛国歌として中途半端といった批判はあるだろうけど。

ちなみに僕自身の立場を言えば、学校での国旗掲揚・国歌斉唱の強制には反対だし、日の丸の旗を見ても何の感情も湧かない。

また社会学者として、日本国が太古の昔から続く自然発生的なものにも思えない。現代日本は、明治期に沖縄や北海道への侵略を経て形成された１５０年程度の歴史しかない人工国家である。少なくとも近世以前の歴史を現代と地続きで考えると、見誤ることのほうが多いと思う。縄文時代の列島人には「日本人」意識なんてなかっただろうし。だからＲＡＤＷＩＭＰＳなら「前前前世」や「会心の一撃」のほうがずっと好きだ。

だけど第三者が抱く愛国心の自然な発露を止める権利もないと思う。洋次郎くんがそう思って作った歌ならそれでいいじゃん。ついでにいえば、彼はモリカケ問題や、原発に関してかなり批判的な発言をしていたし、戦争に対しても明確に反対していた。

「ＨＩＮＯＭＡＲＵ」を批判するためにＲＡＤＷＩＭＰＳのライブ会場前でデモが行われる計画があるという。真に恐れるべきは有能な敵ではなく、無能な味方であるという言葉を思い出した。

（２０１８・６・28）

このエッセイは、雑誌掲載時に「（お前は）右翼だ」「左翼だ」と、どっち側の人からも批判された。柔軟で、聡明だったはずの人がイデオロギーに転んでいく様を目撃することが増えた。僕も10年後にはそうなっているのだろうか？

大阪で地震に遭遇した

朝、揺れと共に目が覚めた。所用で大阪に来ていたら、震度6弱の地震に遭ってしまったのだ。6月18日7時58分のことである。

正直、地震を怖がるタイプではない。2011年3月11日の東日本大震災の時は、東京・三田にある慶應義塾大学の図書館にいたのだが、直後にはこのようなツイートを残している。

「揺れたとき、ちょうど図書館で本を返していて、つり橋効果でカウンターの人と恋に発展するかと思ったけど何もなかった。きっちり延滞金もとられた。」

だから今回の地震も、揺れに対しては「もうちょっと寝かせてよ」と思ったくらい。ちょうどLINEでやり取りをしていた関西在住の小説家、玉岡かおるさんは阪神淡路大震災がフラッシュバックしてしまった、と言っていた。同じ地震でも、これまでの経験や感覚の鋭さによって受ける印象はまるで違うのだろう。

外国人も多く泊まるホテルだったのだが、地震のない国からの観光客は混乱している様子だった。確かに街ごと大きく揺れるわけで、何事かと思いますよね。

その点において僕は鈍くて良かったのだが、問題は東京への帰り方である。どうやら新幹線や在来線は軒並み運休、飛行機も欠航した便が多いらしい。

こんな時、テレビはびっくりするほど役に立たない。政府が官邸対策室を設置したとかが速報として入るのだが、こっちとしてはそんなことどうでもいい。個人的に知りたいのは新幹線がいつ復旧するのか、どの空港なら欠航がなさそうなのか、ということ。

しかし全国放送にそんなことを期待しても仕方ない。『とくダネ!』を観ていたら、夏野剛さんが「(震度) 6はもうほとんど経験したことがないレベルだと思います」という当たり障りのないコメントをしていた。

「そんなことわかってるから、せめてくすっと笑わせるようなことを言って」と突っ込みたくなったが、災害直後のコメントは本当に難しい。被害の規模はわからないし、死者もいるだろうから不謹慎なことも言えない。

しかもスタジオの出演者も、視聴者と変わらないくらいの情報量しか持っていない場合が多い。だから僕がスタジオにいても夏野さんみたいなつまらない感じになっていたと思う。

結局、交通情報を入手するのに一番役立ったのはツイッター。駅や空港で復旧を待つ人が最新情報を共有してくれる。だけど中には嘘も多くて、新幹線は橋桁が損傷したから今日中の再開は無理とか、誤情報に振り回されもした。

一応、被害の少なそうな関空から羽田への最終便を予約した後に、東海道新幹線が全面復旧したという情報が入ってきた。というわけで、無事東京へ帰れそう。普段のＪＲ東海に文句はたくさんあるが（新幹線内のＷｉ－Ｆｉ設定が面倒とか、スーツケースが置けないとか）、このような時の対応はさすが。以上、緊迫する大阪からお送りしました（これが掲載されるのは10日後に発売される号だけど）。

（２０１８・７・５）

平成は天災の多い時代だったと言われるが本当だろうか。大戦争が起こらなかったから相対的に天災やテロが目立ってしまうだけで、大きな自然災害は昭和にも毎年のように起こっている。少なくとも天災による死者数は時代と共にむしろ減っている。

会うことは無駄ではない

洗脳の基本は、繰り返し会うことだという。

確かにほとんどの人間は、無根拠に身近な人を信じてしまいがちだ。何もかもを「エビデンス」によって意思決定できる賢い人は決して多くない。

政治家や宗教団体は、このシンプルな原理をよく理解している。日本の政治家は過剰と思えるほど、夏祭りやカラオケ大会などの地域イベントに出席する。地方議員ならまだしも、国会議員が夏祭りから学べるものは多くないと思うが、繰り返し「会う」ことが当選につながるのをよく知っているのだろう。

ある政治家から「田植えは5年持つ」と聞いたことがある。「田植え」という共通体験をした後は、その後5年間は何もしなくても、自分に票を入れてくれるのだそうだ（まさに票田）。

田植えは極端でも、多くの政治家は握手という身体接触を実践している。竹中平蔵という合理主義者が選挙の時、たくさんの人と握手をしたのが象徴的だ。

握手の習慣は、ミトラ教という古代ローマで栄えた宗教の信者によって広まったとする説がある（ジェラード・ラッセル『失われた宗教を生きる人々』）。もともとは自分と相手の間に聖なる土の塊を挟んで握り合う宗教儀式だったが、広く挨拶の習慣として受け入れられたらしい。古代ギリシアや中国が起源という説もあるが、握手が普遍性を持つ習慣であることは間違いない。

トランプ大統領と金正恩から、ＡＫＢのメンバーとＣＤを買ったファンまで。世界中で握手は親密さを演出する手段となった。握手はちょうどいいのだろう。身体接触には違いないが、過剰でもない。

面会や握手を繰り返した人を、疑ったり批判するのは難しい。友達づきあいでは問題ないのだろうが、これが政治家や言論人だと話が変わってくる。

安倍首相はお笑い芸人から作家、国際政治学者、社会学者まで様々な人と会食をすることで知られている。純粋な意見交換の側面もあるはずだが、「一度会った人のことは、なかなか悪く言えない」という人間の習性も結果的に利用されているのだろう。

かつて鋭い批評を量産していた書評家の斎藤美奈子は、批判をしにくくなるからあまり社交の場に顔を出さないようにしていたと聞いたことがある（最近は政権批判ばかりでつまらない文章が増えた。って、こんなこと書けるのも、きっと僕が斎藤さんと会ってないからだろう)。

それはそれで潔い態度だと思うが、「会わない」ことが本当に客観性につながるのか、疑問もある。「会って感じが良かった」といった、人柄に対する直感を排除すべきではないと思う。なぜならこの社会は、無数の人同士が、無数の回数「会う」行為の集積で成立しているからだ。

だから甘んじて洗脳を受け入れる時もある。知人から聞いたダイエット法を真に受けて、毎日ヨーグルトを欠かさず飲んでいるのだが、今のところ痩せる気配はない。

(2018・7・12)

特技というほどでもないが、どんなに気乗りしない会でも、行ってしまえばそこそこ楽しむことができる。相手が誰であっても、質問が尽きないからだ。その業界のスキャンダル、裏事情、悪口などを聞いていれば、時間はあっという間に過ぎる。

お金持ちの憂鬱

少し前のことになるが、米朝首脳会談の中継を見ていたら、厳重な警戒の中、金正恩がホテルに入っていく姿が映し出されていた。周囲を「人間の盾」が囲み、彼の姿はほとんど見えない。

思い出したのは犯人の護送だ。しかし金正恩は「犯人」などではなく、シンガポール滞在中は、トップスターやセレブ並みの扱いを受けていた。

世の中とは不思議なもので、トップとボトムには共通点が多い。

たとえば富裕層が住むマンションは駅から離れた場所に位置している。彼らは電車になんて乗らないから、駅に近い繁華街よりも、都会の中で自然が多い場所に価値を見いだすのだろう。

しかも時に高級マンションは、玄関から部屋までにとんでもない距離がある。先日、あるお金持ちのホームパーティーに呼んでもらったのだが、マンションに着いてから部屋まで軽く5分は歩いた。上品な調度品が飾ってあったり、水らしきものが流れる廊下があったり、とにかく部屋までの道のりが長いのだ。

一方、地価の安い場所も概して駅から遠く、そして自然に溢れている。いしだ壱成が家賃2万4000円のアパートに住んでいると話題になったが、東京郊外の最寄り駅からバスで20分、スーパーマーケットまで2㎞という立地だそう。

本来、資本主義下において、お金持ちは最強の存在のはずだ。世界中の好きな場所に住んだり、好きなものを食べたり、美男美女と付き合ったりと、ほとんどの望みを叶えることができる（ダイエットだけは、お金では無理かも）。

岡田斗司夫さんの『「世界征服」は可能か？』（筑摩書房）という本にもあったが、資本主義下では、悪の組織を作って「世界征服」を目指すメリットは非常に少ない。わざわざ政治権力を握らなくても、個人の欲望のほとんどは、ただお金持ちになるだけで満たされてしまうからだ。

富裕層には、選択肢が無限にある。しかし皮肉なことに、この社会は一番のボリュームゾーンである中間層のために設計されている。だから「中間層向け」に比べて、「お金持ち向け」の商品やサービスは数が限られる。腕時計やワイン、葉巻といったように富裕層の趣味は似通ってしまうのはそのせいだろう。

もちろんお金持ちが「中間層向け」の商品を買ってもいい。その意味で彼らに選択肢が多いことには変わりないのだが、もはや「中間層向け」では質に満足できなかったり、プライドが邪魔をするのかも知れない。

幸福度は収入とある程度までは相関する。しかし、稼げば稼ぐほど幸福度が無限に上昇するわけではない。確かに、屈強なボディーガードに囲まれて、一人では何もできない生活は「幸福」からはほど遠そう。

またメディアは成功者を取り上げるのが好きだから、お金持ちは顔が割れてしまうことも多い。うっかり不倫もできないし、軽犯罪でも発覚すれば世間からバッシングに遭う。ほどほどが一番幸せなんだろうなあ。

（２０１８・７・19）

富裕層の快楽と憂鬱については、林真理子さんの小説『愉楽にて』（日本経済新聞出版社）が詳しい。僕のまわりのお金持ちも、新聞連載中はしきりにこの小説の話をしていた。彼ら向けに、一冊１００万円の特別版でも売ればいいのに。

禁じたものは流行りだす

アムステルダムに「屋根裏教会」と呼ばれる場所がある。外側から見れば運河沿いによくある5階建ての家。しかし建物の上層3フロアがぶち抜かれて、教会に改造されているのだ。

現在は博物館になっているのだが、そこに教会があるとはまるでわからない。隣はカフェだし、近くにはマリファナを売るコーヒーショップも建ち並ぶ。だが内部は完全に教会。今でも毎週日曜日にはミサが行われているという。

17世紀、オランダでカトリック教徒が公の場での礼拝を禁止されていた時代のものだ。こんな教会を造ってしまう信仰心に驚かされるが、そもそも宗教の歴史とは弾圧の歴史でもある。キリスト教は他宗教を厳しく迫害し、自らも弾圧に遭ってきた。

禁止されることとは、時に信仰を強化する。日本でも「かくれキリシタン」と呼ばれる人々が数世紀にわたり熱心に信仰を守ってきたことが有名だ。

彼らが特殊なのは、ヨーロッパから切り離され、独自に信仰を発展させたこと。ラテン語の祈りも、オラショという摩訶不思議な呪文に変わってしまったし、絵の中の洗礼者ヨハネは何とちょんまげを生やし、着物をまとっている（広野真嗣『消された信仰』）。すごいのは、当事者にとっても意味不明になってしまった呪文が、何世紀にもわたって伝わってきたこと。信者たちは、口伝で何週間もかけてオラショをマスターしたのだ。

しかし、そのかくれキリシタンも衰退の危機にあるという。信仰が伝わる長崎県の島々でも、若者は都市に出てしまい、少子高齢化が進んでいるのだ。

皮肉なのは、宗教の自由がなかった江戸時代に生きながらえた信仰が、信教の自由が担保されている現代日本で消えようとしていることだ。あり得ないが、もし今の日本でキリスト教が禁止されていたらどうだろうか。もしかしたら、秘密の宗教を求めて若者たちが、かくれキリシタンの島に押し寄せていたかも知れない。

禁止が魅力を増すといえば、マリファナも同じだろう（宗教とドラッグを同列に並べたら怒られそうだが、マルクスも「宗教は阿片」と言っていた）。オランダではマリファナなどのソフトドラッグが合法だが、全く関心を示さないオランダ人も多い。知人も「あんなものは観光客向け」と言っていた。マリファナに対する幻想も嫌悪もなく、数ある嗜好品の一つなのだ。

日本では大麻を巡る事件が絶えないが、そもそも「禁止」が薬物の魅力を高めている可能性がある。

アムステルダムでは、マリファナも売春も合法だ。しかし人々が自堕落な日々を送り、街が退廃しているかといえば、そんなことはない。むしろ自分なりの倫理観を持って行動している人が多いと聞く。実際、統計上も治安は悪くない。

不況に悩む出版界も、いっそ活字禁止や、紙の出版物が禁止となったら、人はこぞって本や雑誌を読み出すのかも知れない。まずは週刊誌を禁止しますか。

（2018・7・26）

麻薬解禁こそが麻薬撲滅の近道という説がある。麻薬は違法だからこそ価格が高騰し、マフィアの抗争も発生する。そのあたりの事情は『ハッパノミクス』（みすず書房）に詳しい。そういえば不倫も、禁断の恋とされるからあれほど楽しめるのだろう。

本当の観光資源はどこにあるか

ツアーに頼らない海外旅行で活躍するものといえば、昔は『地球の歩き方』、今はトリップアドバイザーである。旅行者の口コミで構成されたウェブサイトだが、小さな施設の最新情報まで網羅されていて使い勝手がいいのだ。

『地球の歩き方』も悪くないのだが、何せ情報が古すぎる。最近流行のレストランや、脱出ゲームなどの新しい娯楽にも無関心。さらに小さな街の情報なんて皆無に等しい。トリップアドバイザーなら、世界中ほとんどの街の情報を把握することができる。

たとえば先日、ドイツのヴォルフスブルクという街に行ってきた。フォルクスワーゲンのテーマパークが有名な街なのだが、『地球の歩き方』の情報はそこまで。リッツ・カールトンが併設されていることも、そこにアクアという有名レストランがあることも無視。だけどトリップアドバイザーならこうした情報はもちろん、最新のレーザーサバイバルゲームのできる施設があることまで教えてくれる。

さて、このトリップアドバイザーを通すと、日本はどう見えるか。

東京のページを見てみると、観光スポット1位はえびす屋という浅草の人力車ツアーや、コスプレをして街を走る公道カートなどのシティツアー。人気ランキングからは、ツアーや料理教室など、体験型アクティヴィティの人気が高いことがわかる。

他にも、上位には意外な施設がランクインしている。たとえばサムライミュージアム。新宿・歌舞伎町に位置し、甲冑や鎧の展示はもちろん、殺陣ショーの見学やコスプレ体験もできる。

少なくともトリップアドバイザーを見る限り、訪日外国人が日本で楽しんだものは、サムライをはじめとしたベタな日本だということがわかる。

聞く話によると、今度の東京オリンピックはサムライやニンジャといった、いかにも日本的な要素を排した演出が考えられているらしい。しかし「おもてなし」の基本は、自分たちの価値観を相手に押し付けるのではなく、相手が欲しいものをきちんと提供してあげることだ。ベタな日本をもっと活用したらいいのに。

サムライが嫌ならこんな案もある。トリップアドバイザーによれば、東京の娯楽施設1位はアキバフクロウだという。フクロウと触れ合えるカフェで、外国人からも絶賛の口コミが並ぶ。

そういえばオランダの知人から熱心に「まる」の魅力について語られたことがある。「まる」、知ってますか？　ＹｏｕＴｕｂｅで人気のデブ猫である。このように海外でも人気の日本人ならぬ「日本猫」が増えているのだ。

労働力を無償のボランティア頼みにしたり、開催期間中はネット通販の利用自粛を呼びかけるなど、とかく評判の悪い東京オリンピック。僕はもとからスポーツ嫌いなので、オリンピックに大きな興味はない。だけど猫が活躍するとなれば話は別だ。そんなオリンピックなら熱心に見ると思う（彼らがどう活躍できるかは知らない）。

（２０１８・８・２）

海外に行くとき、ほとんどガイドブックを買わなくなった。トリップアドバイザーやグーグルマップなどで十分だからだ。多くの場合、編集者の主観よりも膨大な口コミのほうが役立つ。例外は『ハレ旅』（朝日新聞出版）シリーズ。貧乏くさくないのが良い。

「おじさん」と「おじいちゃん」の間

何年か前に出版した『だから日本はズレている』(新潮新書)という本で、「おじさん」について書いたことがある。そこでは「おじさん」を、ただの「中年男性」の意味ではなく、自己批判のない既得権益層という趣旨で使用した。

若い女性でも「おじさん」のように新しいものを拒み、ひたすら自己保身に走る人もいれば、見た目は太った中年でも、次々に革新的な技術を生み出す起業家もいるからだ。

同じように「おじいちゃん」かどうかも、年齢では判断できないと思う。2回ほど作家の五木寛之さんと対談したことがある。五木さんは1932年生まれ。年齢からいえば「おじいちゃん」と形容してもおかしくないが、全く「おじいちゃん」ぽさがなかった。

まず、他人の話を本当によく聞いてくれる。持論を滔々と述べるのではなく、適切な質問をして、会話のキャッチボールを続ける。

特に、『嫌老社会を超えて』(中央公論新社)という本の対談時は、あらかじめ僕の本を何冊も読んできてくれていた。五木さんくらいの見識があれば、適当にこれまでの経験談を話しているだけでも記事になりそうなのに、80代になってもインプットを怠らないのだと感動した覚えがある。

仮に「おじいちゃん」の定義を、他人や社会に興味を持たず、自分語りや昔話に終始する人とした場合、それに五木さんは当てはまらない。

その意味でいうと、『とくダネ！』の小倉智昭さんも「おじいちゃん」ではないと思う。番組では小倉さんを年寄り扱いもするが、もし本当に小倉さんがよぼよぼの「おじいちゃん」だったら、そんなことは冗談でも言えない（一応僕でも空気を読むのだ）。

小倉さんは、よく他人の話を聞く。そして貪欲に新しいものを吸収しようとしている。その姿勢は「おじいちゃん」からはほど遠い。

一方、若くても「おじいちゃん」はたくさんいる。別に誰が「おじいちゃん」になろうと勝手なのだが、人はそうなった瞬間に成長が止まると思う。

作家が一番成長するのは、「自分には才能がない」と大騒ぎする時だと聞いたことがある。ほどほどの解像度でしか作品を鑑賞できない新人は、名作も凡作も同じように見える。だから自分にも才能があると勘違いできる。

しかし、自身が成長することによって、これまで見えていなかった細かな差異に気付く。そこで初めて「自分には才能が足りなかった」と大騒ぎするのだ。その気付きは、作家を成長に導く。

作家に限らず、何の仕事でも同じだと思う。「まあ、こんな感じでいいかな」と思った瞬間、誰もが「おじいちゃん」になってしまう。

もっとも「おじいちゃん」は楽でもあるのだろう。世の中についていくのをあきらめて、見知ったメンバーで、ずっと同じような話をしていればいいのだから。それは天国のような情景でもある。個人的には「おじいちゃん」になるのは、死んでからでいいかなと思う。

（2018・8・9）

NewsPicksが「さよなら、おっさん。」というキャンペーンをして「おっさん」たちが怒っていた。『だから日本はズレている』も仮タイトルは『おじさんの罪』だったが「おじさん」の反対で止めた。「おじさん」は傷つきやすいのだ。

嫉妬しないと楽になる

伊藤洋介という男がいる。色黒で黒縁眼鏡の50代。いかにも業界人らしい見た目である。新卒で入った山一證券時代に秋元康プロデュースのシャインズとして歌手デビュー、その後もサラリーマン生活を続けるかたわら東京プリンとしてヒットを飛ばしてきた。平成が終わろうとも「バブル」を生きるリアル平野ノラである。

この伊藤さん、大変な人気者。毎晩のように会食が入り、権力者たちとの社交を繰り広げている。実は彼、参議院選挙に2回立候補して、2回とも落選している。正直、彼のワガママに付き合って、迷惑を被っている人も多いと思う。

しかしなぜ、彼の周りには人が絶えないのか。その理由を最近、伊藤さんとの共通の友人（もちろん偉い人）が言い当ててくれた。

人生で努力をしてないから、他人のことを嫉妬しない。だから付き合いやすいというのだ。

成功者たちは日々、嫉妬の中を生きている。同じ業界の人から陰口を叩かれたり、根も葉もない噂を立てられたりというのは日常茶飯事だろう。だから嫉妬をしない伊藤さんがモテるというのはよくわかる。

ある売れっ子の女性学者は、雑誌の撮影でスタイリストが用意したディオールのジャケットを着ただけで、売れない研究者たちから叩かれていた。

奨学金で大学に通う苦学生の気持ちを考えろとか、ブランドに頼るのは自信のない人がやることとか、とんでもない反応の数々に笑ってしまった。

別に清貧を気取る学者がいてもいいが、それは他人に強要することではない。もし苦学生うんぬんの話をするなら、学費が下がるような社会活動をしたり、せめて自分の著書を無料で公開したり、できることはたくさんあるはずだ。そもそも研究者なんだから、ファッションではなく、研究成果で勝負しなさいよ、と思ってしまう。

嫉妬する人は、それが嫉妬であることを認めない。「うらやましい」と口に出してくれる人はマシだ。嫉妬は、仲間外れや嘘の拡散など、もっと陰湿な形を取ることが多い。『嫉妬の世界史』(新潮新書)という本もあるくらい、嫉妬から逃れるのは難しい。しかし人類を悩ませてきた嫉妬から逃れられるヒントが、伊藤さんにあったわけだ。

要は、「自分は報われていない」「なんであいつが」という感情が、嫉妬を生む。その根っこにあるのは、「私はこれほど頑張っているのに」という、自己評価と他者評価のギャップだ。人は、自分と似た境遇にある誰かに、最も嫉妬を抱きやすい。いい言葉でいえばライバル心なのだが、それがポジティヴに作用することは多くないと思う。

いわゆる努力家ではない伊藤さんは、嫉妬もしないし、ライバルもいそうにない。だから権力者も、彼とは安心して付き合える。こんな気楽に生きてもいいんだと、ほっとできる。

誰かを嫉妬してもいいことはない。無駄な努力をやめて、伊藤さんのように軽やかに生きてみませんか。

（2018・8・16／23）

伊藤洋介さんのお母様が、「洋介は努力している」と憤りながら、このエッセイの掲載された『週刊新潮』を買ってくれたそうだ。ぜひ、この新書も500冊ほど買って、近所に配って欲しい。洋介さん、みんなに愛されながら、東京で頑張ってますよ。

平成は本当に終わるのか

このところ「平成最後の夏」という言葉をよく見かける。平成は2019年4月30日で終わるため、よほどの異常気象にならない限り、今が平成時代、最後の夏になるというわけだ。

改元は、一生のうちで何度も経験できるものではない。「平成最後の夏」に浮かれる気持ちはわかる。グーグルでは「恋」や「彼氏」といった言葉が一緒に検索されることが多いようだ。

メディアでも、平成を振り返る特集が溢れている。僕も平成最後を何かの形で記録しておきたくて、小説を書いてみた。評論やエッセイよりも、物語の力を借りる方が、うまく平成という時代を表現できると思ったのだ。

タイトルは「平成《へいせい》くん、さようなら」。『文學界』2018年9月号に掲載されている。原稿用紙230枚の中編で、今まで書いた小説の中で一番長い(って、まだ2作目なのだけど)。

舞台は2018年の日本。現実と一つだけ違うのは、1990年代に安楽死が合法化され、今では世界中のどの国よりも死にやすくなっているということ。死期が迫っていたり、深刻な肉体的苦痛のない人にも安楽死の門戸が開かれている。

物語は、1989年1月8日生まれの「平成くん」と呼ばれる主人公が安楽死を考えるところから始まる。平成が終わり、自分が時代遅れになることを危惧する平成くん。彼は、映画の脚本を書いたり、メディアのコメンテーターを務めたりする、いわゆる若手文化人だ。当然、部分的には僕自身の経験を書いている。

話は若干それるが、映画プロデューサーで小説家の川村元気が、ノンフィクションよりも小説のほうが、本当の自分を見られるようで恥ずかしいと言っていた。確かに小説の登場人物は、しばしば作者そのものだと思われがちだ。万が一読んでくれた人のためにいうと、僕は平成くんほどひどいセックスはしていない。

もう一人の主人公は愛ちゃん。平成くんと同い年で、彼と一緒に暮らしている。彼からの突然の告白に戸惑い、何とか安楽死を食い止めようとする。

冒頭のあらすじはこんな感じだが、書きたかったことの一つは「本当に平成は終わるのか」。

平成最大の変化の一つは、ＩＴ環境の劇的な進化だ。誰もがスマートフォンを持ち歩き、日々膨大な量の写真や動画が撮影され、それが共有されるようになった。

つまりインターネット上には、平成が終わっても、無限ともいえる量の「平成」が残されることになる。一人の人間がどんなに頑張ったところで、アーカイブされた「平成」を見尽くすことはできないだろう。つまり新しい元号の時代になっても、永遠に「平成」は消えないのではないか。

２０１９年に本当に平成は終わるのか。僕なりの答えは小説に書いたつもりなので、興味のある人は『文學界』を読んで欲しい。また他社の宣伝をしてしまった（『週刊文春』のバスツアーにガイドで参加する中瀬ゆかりよりはマシだとは思いますけどね）。

（２０１８・８・30）

ここのところ、20代と30代の死因１位は「自殺」である。平成とは、命を未来につなぐ出生率が下がり続け、自ら命を落とす若者の自殺が増えた時代だったとも言える。

バイロイト音楽祭を温暖化が変えた

ドイツのバイロイト音楽祭へ行ってきた。

ワーグナーのオペラが現代風の演出で披露される祭典だ。あるオペラ好きから言わせれば「史上最高の甘美な拷問」。演出が難解なことに加えて、劇場には字幕装置もない。予習なしに行くと、全く意味がわからないというのだ。

場違いな僕が行くことになったのは、音楽家の三枝成彰さんに誘ってもらったから。音楽界には「バイロイト詣《もうで》」という言葉があるほど、そこでワーグナーの楽劇を観るのは価値があることらしい。

オペラといって心配になるのはドレスコードである。ウィキペディアには「観客は基本的に正装であることが望ましいとされ、男性はタキシード、女性はイブニングドレスが多数派を占める」と書いてあった。タキシード？　やっぱりそれくらい格式高いのか。

結論からいえば、ウィキペディアに書いてあったのは誤情報だった。現地へ行ってみると、きちんとドレスアップしている人は数割程度で、ジャケットを着ていればマシ、中にはTシャツの人までいる有様だった。

数十年にわたりバイロイト詣をしている三枝さんによると、かつてはもっと格式張った音楽祭だったらしい。タキシードを着るのは当たり前、客席で少し物音を立てただけで周囲からにらまれる。とにかく緊張感があったという。

しかし今のバイロイトは違うようだ。僕が観た日も、前席の観客が大きな団扇をずっと使っていた。隣の席のドイツ人も、20年以上バイロイトに通っているというが、ポロシャツをラフに着ていた。一体、バイロイトに何があったのか。

答えは温暖化である。このバイロイト祝祭劇場には、冷房設備がないのだ。かつてドイツは夏といえども涼しい日が多く、エアコンは必要なかった。しかし最近は世界的な異常気象の影響か、バイロイトでもとんでもない暑さに見舞われる。温度自体が拷問なのだ。

事実、今年も日中は30度を超える日が続いていた。時には熱中症で搬送される観客もいるようだ。おしゃれとはやせ我慢と表裏一体だが、背に腹はかえられない。猛暑によって、どんどんバイロイトのカジュアル化が進んでいったらしい。

そういえば、かつてヨーロッパの宗教施設に行くときはTシャツや短パンは避けるように言われたものだが、最近は「水着禁止」の看板を掲げるところが多い。伝統も権威も、温暖化には勝てないのだ。

今年の夏は世界的に異常気象に見舞われたという。日本での異常気象の一般の定義は、その場所で30年に一度しか起こらないような例外的な気象現象。しかし最近、この異常気象が頻発しているように感じられる。

記録的な猛暑が毎年のように続けば、世界はどんどんカジュアルになっていくのだろう。あの金正恩でさえ麦わら帽子に半袖の白シャツという寅さんのような服装をしていた。温暖化は少なくとも、人々の見た目を平和《まぬけ》にしていくだろう。

そのうち「全裸禁止」がドレスコードになるのかも。

（2018・9・6）

温暖化で心配なのは海面上昇である。東京を含めた世界の大都市はウォーターフロントの開発に熱心だが、海面水位の上昇をどれだけ考慮に入れているのだろうか。

エッフェル塔からエッフェル塔は見えない

パリのエッフェル塔へ行ってきた。ちょうど日没1時間前。夕暮れから夜景に変わるパリの街並みを一望できそうな時間だ。しかし荷物検査を通過し、塔の下まで行くと、とんでもない長蛇の列ができていた。何でも最近、新しい入場法を導入したことで、混雑に拍車がかかり、従業員がストまで起こしたほどらしい。

仕方なく、エッフェル塔を離れ、夜景を見渡せそうな場所を探す。すると、モンパルナス・タワーという高さ210メートルの超高層ビルの展望台がまだ開いていることを発見した。Uberで20分かけて到着した先には、黒くて不気味なビルが屹立していた。

ここでも行列ができていたが、その場でオンラインチケットを買うと、すぐ中に入れた。展望台に着く。そこに広がっていたのは美麗なパリの夜景だった。何より素晴らしいのが、輝くエッフェル塔が見えることだ。

当たり前だが、エッフェル塔に登っていたら、エッフェル塔は見えなかった。

まるで道徳や倫理の教科書のような発見である。美しいものから、美しいものは見えない。それは、遠くから愛でるくらいでちょうどいい。

ちなみにパリっ子は「モンパルナス・タワーからの眺めはパリで一番美しい。モンパルナス・タワーを見ないで済むからだ」という軽口を叩くそうだ。パリに不似合いなこの高層建築が嫌われているのだ。

こちらも考えさせられる話である。醜い場所から、世界が一番美しく見える。確かにスラム街から見上げる超高層ビル、貧困層が想像する富裕層は眩しいほどの輝きなのかも知れない。

話は少し変わるが、売れた瞬間につまらなくなる作家の話を聞くことがある。貧乏だった頃は、作中で憧れのセレブ生活を描いていたのが、自分が売れてからは貧乏人の話を書いてしまう、といった具合だ。

エンターテインメントには憧れが欠かせない。安達祐実主演の貧乏ドラマ『家なき子』が爆発的にヒットしたのは、バブル崩壊後とはいえ、今よりもまだ社会に余裕があった1994年。貧困が深刻な問題となっている今の日本で、同じようなドラマが当たるとは思えない（そういえば去年、『大貧乏』というドラマがあったような）。

暗い時代に、暗い作品は観たくない。どんどん貧しくなる日本では、自己を投影できるような、明るいフィクションが増えていくのだろう。

一方、ワイドショーでは悲惨な事件が好まれる。「自分のほうがマシ」と思えるからだ。「マシ」という感情は、人々を幸せにする。内閣府の最新調査によると、「現在の生活に満足」と答えた人は74・7％にのぼった。高度成長期やバブル期よりも高い数値だ。「他人よりマシ」「自分の人生はこんなものだろう」というあきらめが、生活満足度を押し上げているのだと思う。

その心情は、ただ単に混雑のためエッフェル塔に登れなかっただけなのに、こんな自己正当化のようなエッセイを書いてしまう僕には、よくわかる。

（2018・9・13）

まるで『今昔物語集』などの説話集にでもありそうな寓話的なエッセイである。

止まったら死にます

見かけよりも体力があると言われる。確かに今週はグランピングで神奈川にて一泊後、軽井沢にある友人の別荘に泊まり、そして今は上海にいる。その合間に『とくダネ!』に出演したり、原稿を書いたりしているわけで、一切運動をしないし、運動神経が絶望的に悪い割には、身体が丈夫なのだと思う。

しかし周囲には、僕以上の強者がたくさんいる。先日ドイツのバイロイトで一緒だったファッション業界の重鎮、齋藤牧里《まり》さんは、深夜にホテルへ到着。1日目はオペラを最後まで鑑賞したものの、2日目は幕間で抜けて、アイスランドへ旅立っていった。翌日早朝から17時間の氷河ツアーに参加するのだという。

同じくファッション業界で活躍する軍地彩弓《さゆみ》さんもすごい。蜷川実花さんの軽井沢の別荘に泊まった時のことだ。深夜までおしゃべりやゲームをしていたのだが、仕事があるからと、朝一番の新幹線で大阪へ向かって行った。しかも羽田からは飛行機。9時前には大阪へ着いたそうだ。

一緒だったメディアアーティストの落合陽一くんも、最終の新幹線で軽井沢にやって来て、わずかな仮眠の後、やはり早朝の新幹線で東京へ戻っていった。

僕の知る限り、社会的に活躍している人のほとんどは、体力が尋常ではない。フィクションの世界では、才能のある人は病弱に描かれることもあるが、リアリティがないと思える。

『バクマン。』という映画があった。主人公は、『週刊少年ジャンプ』で人気漫画家を目指す若者。しかし終盤で、彼は身体を壊してしまう。ライバルであり仲間でもある漫画家の助けを借りてピンチを乗り切るのだが、この映画を観た漫画編集者が残酷な感想をもらしていた。「この主人公は、一流漫画家にはなれない」と。『ジャンプ』に連載できるのは天才ばかり。しかし、ただの天才では『ジャンプ』で生き残れない。毎週約20ページの原稿を完成させ続ける体力も必要だからだ。つまり、若いうちから倒れてしまうような漫画家は、『ジャンプ』でトップにはなれないだろうと言う。

メディアはよく成功者たちに、その秘訣を聞く。「本を読むこと」「好奇心を持つこと」など、その答えは千差万別だ。しかしそもそもの前提として体力は必須だと思う。

ホリエモンは「多動力」を推奨するが、それも体力がなければ無理だ。

多様性が叫ばれる時代だから、本当はもっと病弱な作家や、か弱い経営者がいてもいいのかも知れない。しかし現実問題として、体力がある人には時間がある。休息が少なくて済むからだ。そして時間がある人は、トライ&エラーを繰り返せる。結果、他人よりも成功しやすくなる。フリーで働く人にとって、どんな才能よりも、まずは体力こそが成功への鍵なのだと思う。

翻って、そこまでして成功したいかという疑問もわいてくる。体力のあらん限り、活躍をし続ける人生。それって楽しいのだろうか。落合くんとか、本当に大変そう（余計なお世話）。

（2018・9・20）

ノルウェーでは頑張りすぎると怒られるという。無理をして身体を壊した時の損失のほうが大きいという発想だ。確かに一生、最前線で走り続けられる人は多くない。今、何人もの消えていった人たちの顔を思い浮かべている。

ネットが「ウルトラ技」を生み出していた

ツイッターで「5000万ユーザーを獲得するのにかかった期間」というグラフが話題になっていた。その表によれば、飛行機は68年、自動車は62年、電話が50年とのことである。人類史的に考えれば便利なテクノロジーが極めて短期間で普及したことの証拠だろうが、すごいのはここからだ。携帯電話は12年、インターネットは7年、YouTubeは4年、そしてポケモンGOにいたっては19日である。

飛行機という巨大で複雑な機械と、ポケモンGOというアプリを同列に比較していいのかという疑問はあるが、目を見張るような便利な技術や、心躍るエンターテインメントが、スマートフォンとインターネットのおかげで一気に世界中に広がるようになったのは事実だ。

しかしインターネットの普及は、全員がそれを使いこなせるようになったこととイコールではない。

ある有名な小説家がエッセイで、イギリスの高級レストランへ行った時のことを書いていた。「予約が世界で一番困難といわれる」お店なのに、友人が「ウルトラ技で予約を入れてくださった」のだという。

興味があったので、そのお店をインターネットで調べてみる。するとオンラインでも予約を受け付けていて、翌日でもランチなら大丈夫、さらに翌々日ならばランチもディナーも空いていた。

確かに、その日に思い立って予約が取れるかはわからないが、「予約が世界で一番困難」というのは言い過ぎのように思う（予約をしてくれた友人の顔を立ててそう書いたのだろう）。

インターネットがきちんと使えれば、「ウルトラ技」を駆使しなくても、だいぶ快適に世界を渡り歩くことができる。

先日、著名な音楽家とドイツへ行った時のこと。はじめ、その人がいつも使う旅行代理店でホテルを予約しようとしたところ、一泊3万7000円だという。いくらハイシーズンとはいえ高すぎると思って、ホテル予約サイト「Booking.com」で調べると一泊2万円だった。

インターネットがない時代は、海外のホテルを予約するのは一苦労だったはずだ。慣れない外国語を使って、高い国際電話をかけるくらいなら、旅行代理店に手配を頼むのは非常に合理的だったと思う。

しかしホテル予約サイトを使えば、全て日本語で決済までできる。ホテルと部屋を選んでクリックをしていけばいいだけだから、ストレスもない。

もちろん「ネットでは本当に予約できたか心配」という人もいるだろう。僕も今回、値段が違いすぎて不安になったので、ホテルにメールで確認をしてしまった。でもこれもそんな手間のかかることではない。外国語が使えない人も、グーグル翻訳などを使えば、メールの一本など簡単に書けてしまう。

ネットを使えないことで、損をすることは本当に多い。ネットが苦手なセレブ向けの講習会でもやってお金儲けをするべきだろうか。

（2018・9・27）

フィンランドへ行ったとき、現地に住むフィンランド人の代わりに、僕がグーグルで道を調べてあげたことがあった。土地勘よりも、検索能力のほうが役立つ時代だ。

そんなに現金を持ちたいですか

9月6日に起きた北海道地震は、道内全域に約295万戸の停電を発生させた。キャッシュレス派は大変だったようだ。自家発電機を持たないコンビニやスーパーでは、電子マネーやクレジットカードが一切使えないのだから。ネットには電子マネー派の悲壮な体験談と、現金派の嘲笑があふれた。

びっくりしたのは、災害の多い日本では、現金の大切さを再確認したという評論まで出ていたことだ。

確かに多少の現金は持っておくに越したことはない。電子化が進んだ中国でも、お寺の拝観料やお賽銭は今でも現金が多いし、完全に現金が消えたわけではない。

しかし北海道の停電も、多くの地区では数日中には復旧した。ごくまれにしか起こらない「有事」を基準に社会を作るのは、端的に言って間違っている。

日本はとにかく自然災害が多い。有事をあげつらうならば、中国やロシアという超大国から攻め込まれる可能性もゼロではない。あらゆるリスクを考えたら、国中をとんでもなく堅牢な要塞にする必要がある。

だが、そんな国は住みにくいだろう。毎日、防災訓練が義務として課され、税収のほとんどは社会保障ではなく堤防工事や防衛費に充てられる。もちろんハイヒールは禁止で、常に防災頭巾をかぶれと言われる。

いつ起こるかわからない有事のために、そんな風に日常を犠牲にするのは馬鹿げている。何十年に一度の大地震に備えてキャッシュレス化を進めないという提案には笑うしかない。

悩ましいのは、だからといって「何もしないでいい」という結論にはならないこと。『ファクトフルネス』(日経BP社)という本によれば、この100年間で、自然災害で死ぬ人の数は激減しているそう。

やや直感に反するデータだ。僕たちは連日のように、台風やハリケーン、津波などの災害で膨大な数の人が死ぬのを知らされている。だが災害で死亡する人の割合は、1930年代と2010年代を比べると、何と45分の1以下になっているという。

なぜなら世界全体が豊かになり、災害に備えられるようになったから。実は現代でも、収入のレベルによって、災害の恐ろしさはまるで違う。一日2ドル以下しか稼げないような最貧地域では、32ドル以上稼げる豊かな地域よりも、自然災害で8倍近くの人が命を落としている。

たとえば、２０１５年にネパールで起こった地震では、津波の起きない山岳国なのに９０００人近くが死亡した。貧しい国ほど自然災害の影響が大きくなるのは、建築物や道路などのインフラが脆弱で、医療機関も十分に整備されていないからだ。

災害の多い日本が、耐震性の高い建築物を造るのは合理的である。思えば１９２３年の関東大震災での死者・行方不明者は約10万５０００人にのぼった。もし明日、同じ規模の地震が東京で起きても、被害ははるかに少ないはずだ。

しかし、いくら社会が防災機能を高めたところで、最後は確率である。キャッシュレス派をやめるつもりはないが、防災おまもりでも買おうと思った。

（２０１８・10・４）

国は、消費税増税対策のポイント還元制度の導入をキャッシュレス社会の呼び水にしたいようだ。確かに全てが電子決済になれば、軽減税率で「食品の消費税は３・７%」とか「政府に好意的な週刊誌の消費税は４・１%」なんてことも可能になる。

月に行ったら感動するのだろうか

ZOZOの前澤社長による月旅行計画の発表から、にわかに世間の宇宙に対する興味が高まっている。

1972年を最後に人類は月へ行っていない。理由は簡単で、莫大なお金がかかる割には、大したリターンがないからだ。アポロが月を目指した1960年代は米ソ冷戦の真っ最中。どちらが先に月へ辿り着けるかには、両国の代理戦争という面があった。逆に言えば、象徴的な意味を除けば、月に行く理由はほとんどない。

アポロ計画にかかった費用は約250億ドル、現在の貨幣価値でいえば10兆円は超える巨額だ。だから月には半世紀近く、人類は寄りついて来なかった。

そもそも有人宇宙飛行自体、必然性があまりない。たとえば、気象衛星やGPS衛星は、現代人の生活にもはやなくてはならないものだ。

また宇宙開発は、軍事と密接に結びついている。ロケットとミサイルの形状はほぼ同じ。イプシロンのような固体燃料ロケットと、大陸間弾道ミサイルには技術的に多くの共通点がある。ロケット技術は、軍事的にも重要なのだ。

翻って、有人宇宙飛行はコスパが非常に悪い。お金もかかるし、しばしば宇宙飛行士は命を落とす。それにもかかわらず、人類史を変えるような発見があったわけではない。この半世紀、ほとんどのイノベーションは地球上で起こってきた。

人類もバカではない。多くの国家では、宇宙開発予算の削減に努めている。社会保障の充実など、もっと優先度の高い案件がたくさんあるからだ。

そんな中で出てきた新しい流れが、民間企業による宇宙開発だ。アポロやスペースシャトルなど、これまでの宇宙の主役は主に国家（特にアメリカ）だった。

しかし考えてみれば、宇宙ロケットには半世紀以上の歴史があり、半ば枯れた技術になりつつある。

つまり、民間でも十分に宇宙を目指せるはずなのだ。その中で頭一つ抜けているのが、イーロン・マスク率いるスペースX社。彼らは2002年の創業以降、ロケットの打ち上げ実験を繰り返してきた。

まるで飛行機に乗るように月へ行ける時代が来るというなら夢がある。問題となるのは成功率だ。スペースXが最も多く打ち上げたファルコン9の失敗率は3％。しかし月旅行に使用するロケットはまだ開発中。宇宙へ行くのは不可能ではないが、飛行機よりはるかに危険なのは間違いない。

月旅行には、アーティスト6～8人が招待されるらしい。選ばれるかは別として、何人かの若いアーティストに話を聞いたら、「絶対に行きたい」という人は思いのほか少なかった。若いので万が一のことを考えてしまうらしい。そして、月へ行ったところで本当に斬新な作品を作れるかわからないとも言っていた。確かにこれだけ情報環境が発達した時代、月くらいじゃ感動できないのかも知れない。

計画が順調に進めば月旅行は2023年の予定。本当は、読者年齢層の高いこの雑誌の読者プレゼントとかに丁度いいのではないか。

（2018・10・11）

半世紀以上前から期待されながら、なかなか実現しない宇宙旅行。リスクに見合う価値があるのかは怪しい。地球上にも、エチオピアのダナキル砂漠や、イエメンのソコトラ諸島など「宇宙」みたいな場所はたくさんあるが、交通や治安が良くない。宇宙旅行の前に、まず地上のことを何とかして欲しい。

他人に勝手に寄り添わない

ＮＨＫアナウンサーは「いい天気」という言葉を使わないらしい。理由は、それが「みなさま」にとって「いい天気」とは限らないから。

たとえば気持ちのいい初夏の晴天。ほとんどの人にとっては「いい天気」だろうが、農家や雨具メーカーは早く雨が降って欲しいと願っているかも知れない。

逆の理由で、雨の日も「あいにくのお天気」とは言わないらしい。

実際はケースバイケースなのだろうが、さすがＮＨＫだと思った。今年は自然災害が多かった。家に帰れない人の集まる避難所でかかるテレビは、おそらくＮＨＫが多いだろう。たとえ今日の空は晴れていても、アナウンサーが「いい天気」と言って傷つく人がいるかも知れない。

葬式の朝、リストラを言い渡された昼下がり、恋人と喧嘩した夜。どんな人が、どんなシチュエーションでテレビを観ているかはわからない。だから最大公約数の「みなさま」に配慮するという方針は筋が通っている。

だが、あらゆる表現がNHKのようになる必要はないと思う。誰かを傷つけることを恐れ、配慮に配慮を重ねた表現は、ともすればつまらなくなる。

問題は、どこまでの配慮をするか。時に「配慮」は上から目線になってしまう。

政治学者の丸山眞男が、自身の入院経験をもとに書いた随筆がある。そこで丸山が説くのは、他者に対する安易な同情の危険性だ。患者という存在は、かわいそうな「弱者」だと思われがちだ。しかしそれは「患者だから安静にすべき」というお節介につながる。

問題は、現実には多様であるはずの「患者」を一緒くたにしてしまうことだ。本当は退院間近の元気な「患者」もいるし、末期だからこそ自由に過ごしたい「患者」もいる。それなのに「患者」を「弱者」というステレオタイプに押し込んで、彼らが自分の予想と違う行動を起こすと、「可愛さあまって憎さが百倍」の不寛容に転じてしまうのだ。

僕が『絶望の国の幸福な若者たち』という本を書いた時のこと。若者からの「私は幸せではない」という感想よりも、年配の学者や評論家からの批判がすごかったことを思い出す。彼らは若者を勝手に「弱者」だと思い込んでいたので、その弱者が幸せなはずがないと怒り始めたのだと思う。

『新潮45』のLGBT騒動の時も、外野のうるささに思想家の千葉雅也さんが不快感を表明していた。非当事者による、想像力を膨らませた勝手な非難。それが社会をよくする可能性までは否定しない。しかし、どこまで第三者が他者を代弁できるのだろう。

僕が何かものを書くときも、一つの基準はそこだ。できるだけ、お節介はしない。非当事者として口を出す時は、自分がお節介をしていることを忘れない。客観的なデータを示したりはするが、安易に「かわいそう」とか「共感する」とか言わない。本当は「これからも読者のみなさまに寄り添ったエッセイをお届けしていきたい」とか、NHK風の文章を書くほうが楽なんだけど。

（2018・10・18）

被害者不在の議論には加わらないようにしている。「お節介」は、たやすく「不寛容」に転化してしまう。「私はこれほどまで、あなたのためを思って発言しているのに、あなた自身はなぜ怒らないんだ」といった具合だ。

身長はなぜ高い方がいいのだろう

ダッドスニーカーが流行している。「休日に父親（Dad）が履いていそう」な、全体的に大きなサイズで野暮ったく見えるデザインが特徴だ。かねてから90年代ストリートファッションが再注目されていたところに、ルイ・ヴィトンやバレンシアガが新製品を投入、流行に火がついた。

と、カタカナを並べて最新ブランド事情を披露したいわけではない。僕も流行に乗ってダッドスニーカーを買ってみたのだが、驚くべきことに気が付いた。背が高く見えるのである。ソールが厚いので5センチくらいは高く見えるというわけだ（しかも足が長く見える）。

みんながこぞって買う理由がわかった。いかにも厚底という靴を履いていると後ろ指を指されるかも知れないが、ダッドスニーカーなら流行に敏感な人に見える。実際、全体的にサイズが大きいので、あからさまな「厚底感」はない。なのに5センチ高く見える。このブームは長続きすると思った。

ZOZOの前澤社長が「身長が低くて、自分に合う服がない」というコンプレックスをインタビューで語っていたが、男性にとって低身長というのは特別な意味を持つことがある。

たとえば小学生の頃、足の速い男子がモテる時期がある（人生で考えると本当に一瞬なので、彼らが狩猟採集時代に生まれなかったことを残念に思う）。身長が低い子どもは、比率の関係で当然に足も短い。結果、走るという行為には大きなハンデを負うことになる。

それにしても、21世紀にもなって身長に悩む人が多いのは興味深い。僕自身、ダッドスニーカーに喜んだわけだし。

学校だけに注目してみても、この半世紀で重視されるポイントはすっかり変わった。かつては知識量が多く、計算能力の高い人が「エリート」とされた時代もあった。しかし20年ほど前から、「生きる力」や「人間力」といったように、コミュニケーション能力などが重視されるようになる。実際、スマホで何でも検索できる時代に、知識量はかつてほど役には立たない。

知識だけの人は「ガリ勉」とバカにされるが、未だに高身長はバカにされるどころか憧れの的だ。現代において「高いところにあるモノを取る」「目立つ」以外にあまりメリットが見つからない。しかも「目立つ」がいいこととは限らない。俳優の城田優くんは、いくら身を潜めようと思っても、190センチの長身のせいですぐに見つかってしまう。

少し話は変わるが、先日の『新潮45』騒動の時、元編集長の中瀬ゆかりさんは、顔を隠していたのに記者から声を掛けられたのだという。おそらく身体のシルエットでバレたのだろう。

「一般人」が「有名人」に声を掛ける時も、何かの確証がないと呼び止めにくいらしい。その意味で、最もバレやすい有名人は乙武洋匡さんだ。サングラスをして、深く帽子をかぶっていても完全に無意味。中瀬さんと同様にシルエットで身バレしてしまう。数年前の騒動を振り返っても、本当に勇気がある人なんだと思う。

（2018・10・25）

フェンディのダッドスニーカーで足を挫いた。それ以来、怖くて履けていない。

その秘境は長崎にあった

「何か新しいものってない？」「最近面白い人や場所ってあった？」テレビや出版業界で働いている人と話すと、よく出る話題だ。まさにそんな場所、長崎のアイランドルミナに行ってきた。教えてくれたのは人狼や脱出ゲームをいち早く番組化した若手のテレビマン。しかし、その彼も話に聞いたことがあるだけで、自分では訪問できていないという。なぜならアイランドルミナ、なかなかにアクセスが悪いのだ。

場所は長崎県南部に位置する伊王島町。長崎空港からは車で1時間半。長崎駅からは無料送迎バスも出ているが、決して行きやすい場所とはいえない。しかも施設の性質上、東京からの日帰りが非常に難しい。

アイランドルミナは、体験型ナイトウォークである。島の一角がまるごとデジタルアート施設になっていて、その中で光と映像を楽しみながら、物語を経験することができる。制作はカナダの気鋭アート集団、モーメントファクトリー。今年、安室ちゃんのドームツアーで映像演出を手がけたことでも知られる。

ナイトウォークだから、もちろん開始は日没後。施設のそばにはホテルや温泉もあり、宿泊するには困らないが、ぱっと行って帰ってくるのは難しい。島なので飲食店の閉店も早い。

しかし結論から言うと、行くべき価値のある場所だった。深い森の中で蛍の群れのような光に包まれたり、海に浮かぶ巨大な龍にびっくりさせられたり、ものすごく上質なエンターテインメント施設。

自分のお金で行ったのだから悪口を書いてもいいのだが、文句があるのは本当にアクセスの悪さくらい。ホテルニューオータニの庭や、新宿御苑あたりで同じレベルのアート作品があったら流行すると思う。

やや残念なのは、インスタ映えの悪さ。手元のｉＰｈｏｎｅで撮影しても、なかなかアイランドルミナの素晴らしさを伝えることができないのだ。この時代、写真や動画で共有しにくいものは、なかなか広まらない。

今回はハウステンボスにも行ってきた。施設の古臭さは隠せないし、イルミネーションのレベルも高くはないのだが、非常にインスタ映えはした。実際、何枚も写真をインスタに投稿してしまったくらい。

一方のアイランドルミナは、本当に写真を撮るのが難しい。なかなか美しさを伝えられないのだ。しかも、脱出ゲームにおける謎解きのように、明確なゲーム性があるわけでもない。

帰り際、スタッフに一日にどれくらいお客さんが来るのか聞いてみた。「多いときは一日で１００人くらい来ることもあります」。実際にはもっと賑わう日があるのかも知れないが、確かに僕たちが訪れたときは貸し切り状態だった。

レンタカーを返すとき、この話をすると「え！　ナイトウォークって毎日１００人も来るんですか。すごい、私も行ってみよう」。長崎で１００人はすごいのだろうが、きっと制作には膨大なお金がかかっているはず。潰れないうちに行くのをおすすめします（行きにくいけど）。

（２０１８・11・１）

あまりにもアイランドルミナが良かったので、テレビ番組でも紹介してしまった。お金は１円ももらっていないことを言い添えておく。

スマホの向こうは平等だった

テレビ番組のインタビューで悩みを聞かれた。散々悩んだあげく出てきた答えは「痩せたい」。このエッセイでも何度かダイエットについて書いてきたが、それは自分の中で分類の難しい問題だから。

僕は夢や希望を「努力すればできること」と「永遠に無理なこと」の二つに分類するようにしている。たとえば「いい本を書きたい」とか「ヨーロッパで暮らしたい」とかは頑張ればできること。完全に僕の決意次第でどうにでもなる願望だ。

一方で「100メートルを10秒で走りたい」とか、「サッカーに詳しくなりたい」とかは一生無理なこと。無理だとわかっているから、努力しようとも思わない。

しかしダイエットだけは分類が難しいのだ。努力すれば痩せるとも言えるが、その努力がとにかく難しい。食事制限をするのはチョコ好きの僕には無理だし、運動なんてもっと無理。しかし痩せるのは永遠に不可能と割り切って、ぶくぶくと太りたくもない。

だから常に楽をして痩せる方法を考えている。友人によると、僕の会話の3割ほどはダイエットに関することだという。羊水塩がいいとか、ルフロがいいとか、色々と聞いては試す。そしていつの間にか止めている。そんなサイクルを繰り返してきた。

2018年公開の『億男』という映画の中で、無限のお金があったら何をするかという問いかけがあった。映画を観ながら真面目に考えてしまったのだが、今の生活とあまり変わらなかった。

友だちとご飯を食べて人狼ゲームをする。時々、好きな国にふらっと旅をする。気に入った服を買う。そりゃ無限にお金があれば、飛行機をファーストクラスやプライベートジェットにしたり、ホテルのランクを上げたりくらいはするかも知れないが、お金を使うにも限度がある(そしてマライア・キャリーを見てもわかるように、お金があっても簡単に痩せられはしない)。

お金に関して面白いと思うのは、多くの人が持つスマートフォンの向こうには、金銭の格差があまりないことだ。ゲームの課金などを除けば、お金持ちも貧しい人も、同じような性能のスマホを持ち、LINEやらインスタグラムやら、同じアプリを使って生活している。

スマホの向こう側は、貧富の差も地域差も超える。マンハッタンの高級ホテルにいても、中国の田舎にいても、スマホでは同じ画面を見ることができるのだ。

　しかもその時間は、下手をすると一日の大半を占めたりもする。最近、ｉＰｈｏｎｅに「スクリーンタイム」という機能が搭載された。それによると、僕は一日平均４時間ほどｉＰｈｏｎｅを触っているらしい。移動が多い日には７時間ということもある。下手をすれば、スマホのこちら側にいる時間よりも長い日もあるのだろう。

　しかしスマホも全ての夢を叶えてくれる万能の機械ではない。「痩せたい」と検索しても「生活に運動を組み込む」「毎日体重を記録する」とか当たり前のことしか出てこない。その当たり前のことができていたら、とっくに痩せている。


（２０１８・11・８）

『君の膵臓をたべたい』（双葉社）という小説では、やたらスマートフォン描写のシーンが丁寧だった。スマホの前では、都市も地方も平等なのである。

人生は執着の集積である

メンタリストＤａｉＧｏくんと城田優くんのネット番組に出演してきた。印象的だったのは、ＤａｉＧｏくんのもらした一言。彼は、何よりも「あきらめること」が得意なのだという。

ＤａｉＧｏくん曰く、子どもの頃、ずっといじめに遭っていたので、自分自身に対する執着がなくなってしまった。だから今でも「生涯の夢」や「絶対にやりたいこと」などがないのだそう。

だが彼が虚無的な日々を送っているかというと全く違う。毎月（！）、何冊もの本を出版し、ニコ生の番組もほぼ毎週放送している。その合間を縫って海外へ行ったりと、とんでもなく忙しい日々だ。

このような生活を送ることを、今のＤａｉＧｏくんはとても楽しんでいる。しかし、もっと楽しいことが見つかれば、いつでも現在の仕事を廃業してもいいと思っているらしい。

執着やこだわりがないからこそ生産性が上がるというのは示唆的だ。普通の人は、変なこだわりやプライドが邪魔をしてしまい、最適解を選べないことがままある。

たとえば僕は、ＤａｉＧｏくんのように毎月何冊も本を出すなんてことはできないと思う。そもそも対談やインタビューを除いて、誰かに書いてもらった文章を、自分の言葉として伝える気になれない。

だがこれも、無駄といえば無駄なこだわりだ。本当は、話したことや考えたことを、優秀なライターや編集者に文章にしてもらったほうが、よりよい本ができる可能性は十分にある。そういえば田原総一朗さんからも、自分で書いた本よりも、書き起こしてもらった本のほうが売れてショックを受けたという話を聞いたことがある。

それなのに、なぜ僕が自分で文章を書くことにこだわるのかといえば、これもただの執着に過ぎない。自分で書きたいから書いているだけだ（このエッセイもこうして夜中にちまちま書いているし）。

ＤａｉＧｏくんのような生き方は中々できない。慣れ親しんだ習慣や、知らずに身につけてしまった偏見から自由になることは難しい。

その意味で僕たちの人生は、執着の集積といえるだろう。好きな食べ物、好みのタイプ、心地のいい音楽、居心地のいい人、お気に入りの場所。偶然が重なって、人間は好き嫌いを覚えていく。そしていつしか、新しいものを受け入れることさえ億劫になってしまう。

だから執着のある人生は、楽だとも言える。自分が好きなものだけを選んでいく生き方だからだ。逆にいえば、「あきらめること」が得意なＤａｉＧｏくんは、やはり非凡である。

そういえば最近出版した『平成くん、さようなら』という小説の主人公「平成くん」は、少しだけＤａｉＧｏくんに似ている部分がある。物語のワンシーンで、平成くんに「僕にもうこれ以上、欲を持たせないでよ」と言わせてみた。ＤａｉＧｏくんが平成くんのように、うっかりと何かに「欲」を持ってしまうことがあるのか気になった。まあ、ないかな。

（２０１８・11・15）

ＤａｉＧｏくんが執着を持たずに済んでいる一つの理由は、きちんとした収益源があること。だからマスコミを含めて、誰かに媚びる必要がないのだ。しかし普通は、いくらお金があっても、承認欲求からは自由でいられないもの。「自由」への道は険しい。

原動力は報酬よりも友人

最近、ｆｉｔｂｉｔを始めた。手首にはめるデジタル活動量計なのだが、ミソは専用アプリで友人と競争ができること。１日や数日単位の対決もあるし、実際の登山道を模したコースで歩数を競うこともできる。

たとえばある日は僕が２万１０４７歩を歩いて優勝、エイベックスの松浦勝人さんが１万５０１９歩、東京プリンの伊藤洋介さんが１万４２９８歩だったという具合だ。

その日、僕は釧路にいた。エンジン01という文化人イベントに参加するためである。早めに着いてしまったので、夜の予定までには時間があった。グーグルマップを開くと、ホテルから３㎞ほど離れた場所にコーチャンフォーを見つけた。

コーチャンフォーとは、北海道を中心とした複合店。巨大書店としても有名で、一度は行ってみたいと思っていた。

グーグルマップ曰く、車だと８分。しかしホテルの車寄せで「タクシーをご利用になりますか」という誘いを断った。もちろんｆｉｔｂｉｔのためである。その日は、東京から釧路まで移動してきただけなので、それほど歩けていなかったのだ。

こうして片道40分ほどかかるにもかかわらず、コーチャンフォーまで歩くことにした。結果として、釧路川沿いの散策もできたし、世界三大夕日に数えられる釧路の夕暮れも堪能した（「世界三大」は地元が勝手に言ってるだけだと思うけど）。

ちなみに、コーチャンフォーは噂に違わず巨大な書店だった。平屋なので、向こう側が見えないほど広い。店内を歩くだけで、かなりの歩数を稼げた。

それにしても、仲間の力は偉大だと思う。特に金銭的な報酬やペナルティがあるわけでもないのに、なぜか頑張れてしまうのだ。

同じことは、再び流行しているポケモンGOにも言える。友人とモンスターを交換したり、お互いのステータスを把握できる機能が実装されたことで、ついアプリを起動してしまう。友人の顔が思い浮かび、自分も頑張ろうという気になるのだ。

昔も、一緒に山に行く仲間や、散歩仲間というのはいただろう。ただそれは、実際に顔を合わせる必要があった。しかしｆｉｔｂｉｔのようなアプリがあれば、離れていても「部分的友人」になれる。先日、「今日は伊藤さんは全然歩いていないけど大丈夫かな」と思っていたら、実際に肺炎で寝込んでいたということがあった。さながら高齢者宅に設置する見守り電気ポットのようである。

ただし、fitbitに文句があるとしたら、囚人を管理する腕輪のようにも思えること。1時間座っていると「そろそろ立つ時間です」と命令してくるし、就寝時も装着していると眠りの質も診断してくる。

今のfitbitは歩数と脈拍数くらいしか計測していないが、将来的にはより細かい生体情報を把握するようになるのだろう。「伊藤さんと一緒にいるときは体調が悪くなります。友だちを止めましょう」と忠告されたりする時代は、それほど遠くないのかも知れない。


(2018・11・22)

マイケル・ムーアの映画『華氏119』で描かれていたが、fitbitはアメリカでは反発も起きている。ウェストバージニア州の学校教員は、健康保険へ入るためにfitbitを装着しないとならないという。それを怠ると、罰金を払わされる。日本でも「fitbit保険」が開始されたが、装着が義務となれば一気にディストピア感が漂ってくる。

1ヶ月の食費5000円の理由

林真理子さんから「古市くん、ママ活しますか」というLINEが来た。フグの名店、味満んに連れて行ってくれるという。グループLINEでの会話で、もちろん冗談なのだが、ふと思い出したことがある。

僕はマネーフォワードという家計簿アプリを使っている。クレジットカードと連携して、明細を自動的に「交通費」「書籍費」などと分類してくれるのだ。そのアプリを見返していたのだが、ある月の食費がたったの5000円だったのである。

自分でもびっくりした。ベテラン主婦のように、スーパー巡りをして節約に励んだわけではない。一体何があったのか。

カレンダーを見て答えがわかった。毎晩のように誰かと食事をしていて、一切自分でお金を払っていなかったのである。ある日は出版社に接待され、ある日は友だちにフグをおごられ、ある日はパーティーに参加して、という具合だ。

昼間はもっぱら備蓄したチョコレートで暮らしているため、食費はほとんどかからない。唯一払った5000円は、スターバックスカードへのチャージ代である。

自分でもひどい話だと思う。林さんには「あなたは無意識にパパ活ママ活してる」と言われた。確かに、性的サービスこそ提供していないが、本当によく色んな人にご飯をおごってもらう。

ただ、いつの時代も僕のような人はいたはずだ。「ママ活」「パパ活」という言葉を使わずとも、年長者が若者に何かしたいと思うのは、それほど珍しい話ではない。きっと僕も年を取れば、その時代の若者を味満んに招待しているのだと思う（いや、みんな元気なので、30年経っても林さんにおごられている可能性も高い）。

「ママ活」「パパ活」という新語が流行しているのは、見ず知らずの他人が出会いやすくなったからだろう。古くはダイヤルQ2、インターネットの掲示板を経て、最近はマッチングアプリが大人気だ。あるパパ活アプリは、「自分の夢を応援してくれる、経験豊富で余裕のある男性との交際」なんて、それっぽいことをうたっている。

マッチングアプリは、キャバクラやガールズバーの牙城も脅かしつつある。「Ｐａｔｏ」というエンターテイナー派遣アプリがある。食事やパーティーの席に女の子やマジシャンを、まるでタクシーのように呼ぶことができるのだ。エンタメ版Ｕｂｅｒである。

僕のまわりの起業家にも「Ｐａｔｏ」の愛用者は多い。ガールズバーだと店舗まで行く必要があるが、このアプリなら自分の好きなお店に、気軽に女の子を呼ぶことができるのだ。稼げる子になると、時給は2万円以上になるという。最近すっかり見かけない安藤美冬さんもびっくりのノマドワーカーである。

ただ個人的には、いくらおごりだとしても、つまらない人の誘いには乗りたくない。話も面白くて、おごってもくれる。僕のまわりにはいい人が多いなと思った。と、こんなお世辞も書いてみたのですが、林さん、いつ味満ん行きましょうか。

（2018・11・29）

まだ味満んに連れて行ってもらっていないことを思い出した。

嫌な人と付き合うコツ

たまに講演会をするのだが、来場者からの質問で多いのが「嫌な人との付き合い方」。職場や地域などで、嫌な人と会わないといけない。そんな時にどうすればいいのか、というのだ。

本当のことをいえば、「嫌な人」とは「会わない」のが一番だと思う。人間というのは中々変わるものではない。現時点で「嫌」と思う人のことを、1年後に好きになっている確率は、それほど高くない。それは逆もしかり。「嫌な人」がある日、自分にとって素敵な人物に変身しているなんてことは、まずあり得ない。

中学校の時の担任が、座右の銘のように「他人は変えられない。自分は変えられる」みたいなことを言っていた。嘘だと思う。なぜなら、「自分」が移動してしまえば「他人」なんていくらでも変えることができるから。

特に大人ならば、引っ越しや転職など、「他人」を変える方法は無数にある。世界には70億人、日本だけでも1億人以上が住んでいる。「自分」を変えずに済む居心地のいい「他人」なんて、たくさんいるはずなのだ。

しかし、その選択肢をとれない人も多いだろう。「この年になってわざわざ引っ越しなんて無理」だとか「転職するほど大事ではない」とか。確かに「嫌な人」のために引っ越しまでするのは癪だし、本末転倒という気もする。

その場合は、「嫌な人」をサンプルと思えばいい。僕は、世の中のほぼ全ての人を「サンプル」だと考えている。要は調査対象ということだ。

普通には付き合いたくない「嫌な人」も、「サンプル」だと考えれば俄然興味深く見えてくる。

たとえば、ある政治家は討論番組の控え室で、猛烈な勢いで自分のサンドウィッチを食べていた。「食べるのが速い人なんだな」くらいに思っていたら、自分の皿を食べ尽くすと、何も言わずに僕の前に置かれていたサンドウィッチまで食べ始めたのである。そして、そのテーブルに載っていた複数人向けのサンドウィッチを、次々と完食していった。

僕は、このサンドウィッチ議員と友だちにはなりたくない。しかし「サンプル」としては、こんな注目すべき人もいない。だから同じ場に居合わせても、全く嫌な気分はしない。むしろ次はどんなことをしてくれるのだろうと楽しみになる。

日常生活でも同じだと思う。何につけても、研究者マインドを持つことは、毎日の生活を楽にしてくれる。仮に日本に財政危機が訪れて、人々の生活が荒廃しても、研究者は嬉々としてその様子を調査するだろう。要はどんな状況に陥っても、対象を客観視してしまえば、それほど自分が傷つくことはないはずなのだ。

「嫌な人」との付き合い方を真剣に考える人は、きっと優しすぎるのだと思う。「嫌な人」と自分は、あくまでも調査者とサンプルの関係と割り切ってしまえばいい。対等の関係だと思わなければ嫌だとも感じない。

文字数があまったので書いておくと、先ほどの議員とは、ここ最近、口利き疑惑で話題のあの人である。


（2018・12・6）

自分で書いた原稿に気付かされることも多い。最近、ネットで悪口を言ってきたあの人や、あの人も「サンプル」と思えばいいのだ。

おわりに

「誰を味方にしようなどというから、間違うのだ。みンな、敵がいい。敵がないと、事が出来ぬ。国家というものは、みンながワイワイ反対して、それでいいのだ」(巌本善治編『新訂 海舟座談』)

晩年の勝海舟が残した言葉だ。僕の場合、「みンな、敵がいい」とまでは思えないが、「味方」が厄介だという点には共感する。

たとえば政権批判をすれば、間違いなく一定のお客さんはつく。同様に、韓国や中国批判をすれば、これもまた別のお客さんがつく。だけど「味方」のためだけに文章を書き続けると、次第に思想が凝り固まり、新しいことが受け入れられなくなってしまう怖さがある。

しかも「味方」は、一生「味方」なわけでもない。「味方」は「敵」にもなるし、「敵」が「味方」になることもある。だったら、そもそも「味方」や「敵」を明確に分けてしまうのを止めてしまえばいいと思う。それが「誰の味方でもありません」の精神だ(いや、そんな立派なものではないんだけど)。

週刊誌での連載は、僕にとって初めての経験である。

毎週、楽しく書き続けられているのは、『週刊新潮』の井上保昭さん(王子と呼ばれるくらいおしゃれだが、新潮社内では浮いてそう)、林健一さん(初めて会った時に比べてどんどん週刊誌記者っぽい風貌になった)、出版部部長の中瀬ゆかりさん(痩せるためにゴキブリが含まれた漢方薬に月10万円も払っている)のおかげに他ならない。3人とも、原稿を送ると、すぐに丁寧な感想を返してくれる。

新書にするにあたっては、『だから日本はズレている』に続いて、編集長の後藤裕二さん(偉くなってしまい苦労が絶えない)、西山奈々子さん(東京藝術大学音楽学部出身の酒豪)のお世話になった。実に5年ぶりの新潮新書である。その時から小杉紗恵子さん(原稿を読むのが面倒でメディア系の部署に異動)には折を見て相談に乗ってもらっている。

「誰の味方でもありません」と言いながら、高齢の読者が多いらしい新潮新書に忖度して、勝海舟を引用した上に、編集者に媚びを売るようなあとがきを書いてしまった。

もっとも、毎週の連載では、できるだけ正直であるように心がけてきた。もちろんテレビでの発言にも嘘はないつもりだが、何せ時間が限られている。しかし文章では、もっと自由に議論をすることができる。

テレビに出すぎると、本が売れなくなると言われることがある。一方で、最近は「文章も書けるんだね」と驚かれることもある。テレビでしか僕を知らない人にも、この本が届くといいなあ。

イラスト　k.nakamura

初出　『週刊新潮』掲載号は各項末尾に付記しています。

古市憲寿　1985(昭和60)年生まれ。社会学者。慶應義塾大学SFC研究所上席所員。同世代を代表する論客としてメディアでも活躍。著書に『絶望の国の幸福な若者たち』『だから日本はズレている』等。

Ⓢ新潮新書

810

誰《だれ》の味方《みかた》でもありません

著　者　古市憲寿《ふるいちのりとし》

2019年4月20日　発行

発行者　佐　藤　隆　信

発行所　株式会社新潮社

〒162-8711　東京都新宿区矢来町71番地
編集部(03)3266-5430　読者係(03)3266-5111
https://www.shinchosha.co.jp

印刷所　大日本印刷株式会社
製本所　加藤製本株式会社

ISBN978-4-10-610810-5　C0236

価格はカバーに表示してあります。